Inhalt

Kapitel 3 Liebeslyrik 51

Kapitel 4 Wer zuletzt lacht …
Komische und satirische Geschichten 73

Kapitel 7 Projekt: Ist unsere Welt noch zu retten? 131

Kapitel 1
Vom Gewinnen und Verlieren

Ein Junge, der in ein Auto einsteigt, ist noch nicht unbedingt verdächtig. Auch wenn es die Fahrertür ist. Aber sobald Tschick den Motor starten würde, war klar, was als Nächstes passierte.

Wolfgang Herrndorf: Tschick

Das Lachen aus dem Klassenraum dringt bis zu ihr. Die lachen jetzt über mich, denkt sie, und schon beginnt wieder das Glühen in ihrem Kopf, direkt unter ihrer Hirnschale.

Brigitte Blobel: Rote Linien

1. Die beiden Auszüge stammen aus Jugendromanen, die du in diesem Kapitel kennen lernst. Beschreibe welche Erwartungen du jeweils an die Geschichte hast.

2. Sprecht darüber, in welcher Situation sich die Jugendlichen befinden und wie sie sich fühlen.

3. Erinnere dich an eine Situation, in der du dich besonders traurig, übermütig oder stark gefühlt hast. Schreibe dieses Erlebnis auf.

Zunächst sieht es so aus, als müsste Maik Klingenberg die Sommerferien allein am Pool der elterlichen Villa in Berlin verbringen. Doch dann besucht ihn sein Mitschüler Tschick, der eigentlich Andrej Tschichatschow heißt und ein Auto gestohlen hat. Die beiden beginnen eine abenteuerliche Reise ohne Handy und Straßenkarte und geraten während ihrer Fahrt immer wieder in Schwierigkeiten.

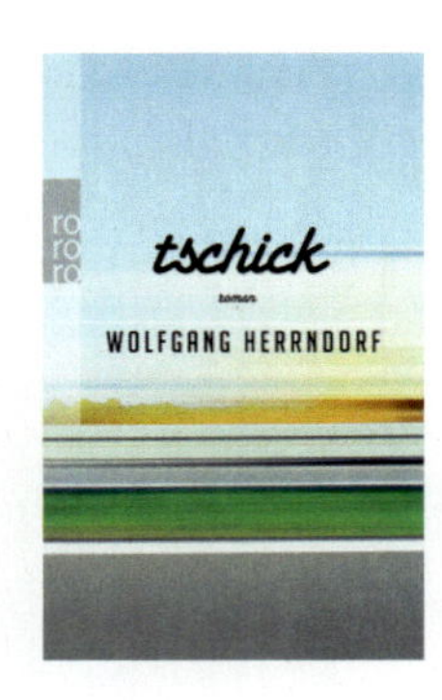

Wolfgang Herrndorf

Tschick

Als wir, mit zwei riesigen Norma-Einkaufstüten und einem Kürbis beladen, wieder in die Straße bogen, wo der Lada parkte, stellte ich den Kürbis auf die Straße und schlug mich seitwärts in die Büsche, um zu pinkeln. Tschick trottete weiter, ohne sich umzudrehen – und ich erzähle das auch nur so aus-
5 führlich, weil es leider wichtig ist.

Als ich aus den Büschen wieder rauskam, war Tschick hundert oder hundertfünfzig Meter weitergelaufen und nur noch wenige Schritte vom Lada entfernt. Ich nahm den Kürbis wieder hoch, und im selben Moment kam aus einer Einfahrt genau in der Mitte zwischen mir und Tschick ein Mann, der ein
10 Fahrrad auf die Straße zerrte. Er hob das Fahrrad hoch und stellte es umgedreht auf Lenker und Sattel. Der Mann hatte ein gelbliches Hemd an, eine grünliche Hose mit zwei Fahrradklammern, und auf dem Gepäckträger lag eine weißliche Mütze, die davonrollte, als er das Fahrrad umdrehte. Und erst an dieser Mütze erkannte ich den Polizisten. Ich konnte auch sehen, was wir
15 auf dem Hinweg nicht gesehen hatten: Vor der großen Scheune stand nicht nur ein kleines, rotes Ziegelsteinhaus, an dem Haus hing vorne auch ein kleines, grünweißes Polizeischild dran. Der Dorfsheriff.

Der Dorfsheriff hatte uns nicht gesehen. Er kurbelte nur an den Pedalen seines Fahrrads, zog ein Schlüsselbund aus der Tasche und versuchte, die abge-
20 gangene Kette wieder aufs Ritzel zu drücken. Das funktionierte nicht, und er musste erst die Finger zu Hilfe nehmen. Dann betrachtete er seine schmutzigen Hände und rieb sie gegeneinander. Und dann sah er mich. Fünfzig Meter entfernt und leicht bergauf: ein Junge mit einem riesigen Kürbis. Was sollte ich machen? Er hatte gesehen, dass ich in seine Richtung kam, also ging ich
25 erst mal weiter. Ich hatte ja nur einen Kürbis, und der Kürbis gehörte mir.

Meine Beine zitterten, aber es schien die richtige Entscheidung zu sein: Der Dorfsheriff wandte sich wieder seinem Fahrrad zu. Doch dann guckte er nochmal hoch und entdeckte Tschick. Tschick war in diesem Moment beim Lada angekommen, hatte seine Einkaufstaschen auf die Rückbank gehievt und war
30 im Begriff, sich auf den Fahrersitz zu setzen.

[...] Ein Junge, der in ein Auto einsteigt, ist noch nicht unbedingt verdächtig. Auch wenn es die Fahrertür ist. Aber sobald Tschick den Motor starten würde, war klar, was als Nächstes passierte. Ich musste was tun.

1 Fasse zusammen, in welcher Situation sich Maik und Tschick befinden.

2 Überlege, wovor Maik Angst hat und was er vorhaben könnte.

Ich umklammerte mit beiden Händen den Kürbis, hob ihn hoch über meinen
35 Kopf und brüllte die Straße runter: »Und vergiss nicht, den Schlafsack mitzubringen!«

Was Besseres fiel mir nicht ein. Der Polizist drehte sich zu mir um. Tschick hatte sich ebenfalls umgedreht. »Vater sagt, du sollst den Schlafsack mitbringen! Den Schlafsack!«, brüllte ich noch einmal, und als der Polizist wieder zu
40 Tschick hinguckte und Tschick zu mir, fasste ich mir schnell an Schädeldecke und Hüfte (Mütze, Pistole), um zu erklären, was dieser Mann von Beruf war. Weil, ohne Mütze und nur mit dieser grünlichen Hose war das nicht leicht zu erkennen. Ich muss ziemlich bescheuert ausgesehen haben, aber ich wusste auch nicht, wie man einen Polizisten sonst darstellt. Und Tschick begriff auch
45 so, was los war. Er verschwand sofort im Auto und kam mit einem Schlafsack in der Hand wieder raus. Dann machte er die Fahrertür hinter sich zu und tat, als würde er abschließen [...], und ging, mit dem Schlafsack beladen, auf mich und den Polizisten zu. Doch nur etwa zehn Schritte. Ich war mir nicht hundertprozentig sicher, warum er stehen blieb. Aber etwas im Gesicht des Poli-
50 zisten musste ihm wohl klargemacht haben, dass unser Täuschungsmanöver nicht die Theatersensation des Jahrhunderts werden würde.

Denn mit einem Mal ging Tschick wieder rückwärts. Er fing an zu rennen, der Polizist rannte hinterher, aber Tschick saß schon am Steuer. Rasend schnell parkte er rückwärts aus, und der Polizist, immer noch vierzig Meter entfernt,
55 beschleunigte wie ein Weltmeister. Nicht, um den Wagen einzuholen vermutlich, das konnte er auf keinen Fall schaffen, aber um das Kennzeichen zu lesen. Heilige Scheiße. Ein Sprintweltmeister als Dorfsheriff. Und ich stand die ganze Zeit wie gelähmt mit diesem Kürbis auf der Straße, als der Lada

schon auf den Horizont zuhielt und der Polizist sich endlich zu mir umdrehte. Und was ich dann gemacht hab – frag mich nicht. Normal und mit Nachdenken hätte ich das garantiert nicht gemacht. Aber es war ja schon nichts mehr normal, und so dumm war es dann vielleicht auch wieder nicht. Ich rannte nämlich zum Fahrrad hin. Ich warf den Kürbis weg und rannte zum Fahrrad vom Polizisten. Ich war jetzt deutlich näher dran als der Polizist, schleuderte das Rad am Rahmen herum und sprang in den Sattel. Der Polizist brüllte, aber glücklicherweise brüllte er noch in einiger Entfernung, und ich trat in die Pedale. Bis zu diesem Moment war ich nur wahnsinnig aufgeregt gewesen, aber dann wurde es der reinste Albtraum. Ich trat mit aller Kraft und kam nicht von der Stelle. Die Gangschaltung war im hundertsten Gang oder so, und ich konnte den Hebel nicht finden. Das Geschrei kam immer näher. Ich hatte Tränen in den Augen, und meine Oberschenkel fühlten sich an, als würden sie vor Anstrengung gleich platzen. Der Polizist brauchte im Grunde nur noch die Hand nach mir auszustrecken, und dann kam ich langsam in Fahrt und fuhr ihm davon.

[...] Ich raste mit Höchstgeschwindigkeit zwischen grauen Häusern durch und um die Ecken und endlich auf einem kleinen Weg direkt in die Felder.

In der Dämmerung lag ich im Wald, allein, keuchend und aufgeregt, mit dem Polizeifahrrad unter einem dichten Gebüsch, und wartete. Und überlegte. Und wurde immer verzweifelter. Was sollte ich machen? Ich war irgendwo hundert oder zweihundert Kilometer südlich oder südöstlich von Berlin in einem Wald, Tschick fuhr gerade mit einem hellblauen Lada mit Münchner Kennzeichen sämtlichen alarmierten Polizeieinheiten der Umgebung davon, und ich hatte keine Ahnung, wie wir uns jemals wiederfinden sollten. Normalerweise würde man in so einem Fall wahrscheinlich versuchen, sich dort wiederzutreffen, wo man sich aus den Augen verloren hat. Das ging jetzt aber schlecht: Da stand das Haus des Dorfsheriffs.

3 Fertigt eine Skizze zum Ablauf der einzelnen Aktionen an.

4 Schreibe die Fortsetzung zu dieser Episode aus der Perspektive des Ich-Erzählers Maik. Überlege vorher, was die Jungen tun könnten, um sich wiederzufinden.

Wann hat es »Tschick« gemacht, Herr Herrndorf?

Dann sprechen wir jetzt über »Tschick«. Warum ein Jugendroman?
Ich habe um 2004 herum die Bücher meiner Kindheit und Jugend wieder gelesen, »Herr der Fliegen«, »Huckleberry Finn«, »Arthur Gordon Pym«, »Pik reist nach Amerika« und so. [...] Und dabei habe
5 ich festgestellt, dass alle Lieblingsbücher drei Gemeinsamkeiten hatten: schnelle Eliminierung der erwachsenen Bezugspersonen, große Reise, großes Wasser. Ich habe überlegt, wie man diese drei Dinge in einem halbwegs realistischen
10 Jugendroman unterbringen könnte. Mit dem Floß die Elbe runter schien mir lächerlich; in der Bundesrepublik des einundzwanzigsten Jahrhunderts als Ausreißer auf einem Schiff anheuern: Quark. Nur mit dem Auto fiel mir was ein. Zwei
15 Jungs klauen ein Auto. Da fehlte zwar das Wasser, aber den Plot hatte ich in wenigen Minuten im Kopf zusammen.

Mit generationsspezifischen Ausdrücken und Angewohnheiten sind Sie dabei sparsam umgegangen. Trotzdem muss man ja herausfinden, was 1995 Geborene so mit ihrer
20 *Zeit und ihrem Geld anfangen. Sie sind Jahrgang 1965, woher wissen Sie das?*
Ich weiß es nicht. Aber das kam mir gar nicht so problematisch vor, dass es sich um Jugendliche handelt – oder jedenfalls nicht problematischer als Handwerker, Ärzte oder Lokführer, wenn man die im Roman auftauchen oder sprechen lässt. Ich glaube nicht, dass Jugend ein spezielles Problem darstellt, auch
25 wenn Scheitern da oft spektakulärer wirkt. [...] Ich habe meinem Erzähler einfach zwei Wörter gegeben, die er endlos wiederholt [...] Wenn man erst anfängt, mit Slang um sich zu schmeißen, wird man doch schon im nächsten Jahr ausgelacht.

Die Fragen stellte Kathrin Passig. FAZ vom 31. 01. 2011

1. Erläutere mit eigenen Worten, wie die Idee zum Roman »Tschick« entstand.
2. Fasse zusammen, was Wolfgang Herrndorf über seine Arbeitsweise verrät.

Die Geschwister Maggie und Jason haben von ihrem Großvater George Keane (genannt Gee) besondere Schätze geerbt. Diese hat er rund um den Erdball gesammelt, sie enthalten Rätsel und Geschichten.
Das Besondere an diesem Roman ist, dass er von zehn verschiedenen Autoren geschrieben wurde. Jeder von ihnen spürt dem besonderen Erbe von Gee nach.

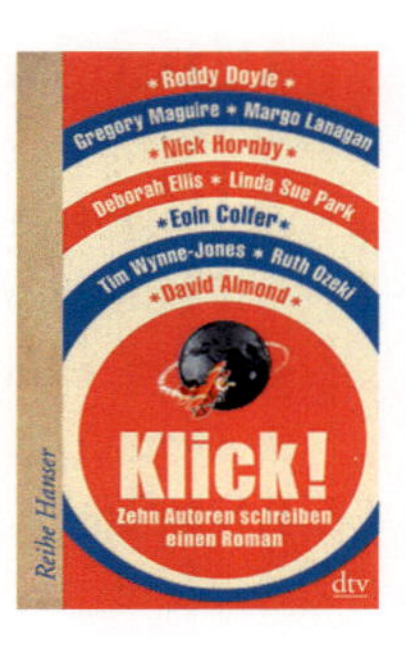

Klick! Zehn Autoren schreiben einen Roman

Linda Sue Park

Maggie

Also ehrlich, wieso packst du denn nicht aus?«, fragte Jason. »Willst du nicht wissen, was drin ist?«
Maggie umklammerte das in braunes Papier gewickelte Päckchen auf ihrem Schoß. Es war nur wenig kleiner als ein Schuhkarton. Klar – natürlich wollte sie wissen, was drin war –

Aber nicht hier. Nicht hier, wo sie alle anstarrten, Mom und Dad und Jason ... Ich muss allein sein. Und ich muss dabei auf der Couch sitzen.

»Komm schon, Mags.« Jason versuchte es jetzt auf die sanfte Tour. [...]

Er hatte sein Geschenk sofort ausgepackt, einen Stapel Fotos berühmter Spitzensportler. *Richtig* berühmter Leute wie Tiger Woods und Lance Armstrong und Michael Jordan, und jedes Foto trug ein Autogramm mit einer persönlichen Widmung für Jason. Gee musste sie über Jahre hinweg gesammelt haben.

Grandpa Gee, der Fotoreporter. An die fünfzig Jahre war er durch die ganze Welt gereist und hatte fotografiert. Krieg. Natur. Menschen. Sportereignisse. Das Thema, an dem er nicht interessiert war, gab es nicht. [...]

Mom und Dad waren bei Gees Anwalt gewesen und hatten die Geschenke mitgebracht, die Gee Jason und Maggie testamentarisch vermacht hatte.

»Jason«, sagte Dad, »das ist ganz allein Maggies Entscheidung.«

»Ist ja gut«, murmelte Jason.

Maggie sah Dad dankbar an. Dann nahm sie ihr Päckchen und ging zur Couch im Arbeitszimmer, wo sie seit der Beisetzung einen Großteil ihrer Zeit verbracht hatte. [...]

Maggie drehte das Päckchen um und zog vorsichtig den Klebstreifen ab. Packpapier. Ein Karton. Mehrere Lagen weißes Seidenpapier und schließlich Holz.

Ein Holzkästchen. Schlicht, aber nicht roh. Die Kanten ringsherum abgerundet. Helles Holz mit einer dunklen Maserung aus Wirbeln und feinen Linien.

Sie strich mit den Fingern darüber und fühlte die glatten, abgerundeten Seiten. *Irgendetwas ist da drin, das weiß ich. Gee hat mir mehr als nur eine hübsche Schachtel vermacht.*

Sie öffnete den Deckel. Eine Karte lag zuoberst. Eine gewöhnliche Karteikarte mit knappen Worten in Gees kleiner Handschrift.

Mags –

Wirf sie alle zurück –

Gee

Sie legte die Karte beiseite und betrachtete gründlich das Innere des Kästchens. Es war in zwei Reihen kleiner Fächer unterteilt – vier in der einen, drei in der anderen. Über jedem Fach lag eine rechteckige Abdeckung aus Holz mit einem kleinen runden Knopf in der Mitte. Alle Fächer hatten dieselbe Größe, die Reihe mit den drei Fächern war zu beiden Seiten mit Holz ausgefüllt, sodass das Innere komplett abgedeckt war. Noch nie hatte sie etwas Ähnliches gesehen. Gee hatte es sicher speziell anfertigen lassen. Oder er hatte es irgendwo entdeckt, auf einem belebten Markt in irgendeiner exotischen Stadt ...

Ein Kästchen aus lauter kleineren Kästchen. Ein Lächeln ging über Maggies Gesicht, ein winziges Lächeln. Das war nicht nur *ein* Geschenk. Es waren sieben – oder sogar acht, wenn man das große Kästchen selbst mitzählte.

Sie nahm den ersten kleinen Deckel ab, den in der linken oberen Ecke. Wie alle anderen Holzteile war auch er glatt poliert. Das winzige Fach war mit roter Seide ausgefüttert. Mit zwei Fingern griff sie hinein.

Ein Schneckenhaus. Weiß, spiralförmig. Maggie betrachtete es einen Moment lang, bevor sie es zurück in das Kästchen legte und den Deckel wieder aufsetzte.

Das nächste Fach. Orangefarbenes Seidenfutter, eine Muschel. Eine Art Jakobsmuschel, mit beige-braunen Erhebungen.

Als sie die Muschel zurücklegte, fiel ihr der kleine Deckel aus der Hand. Er landete umgekehrt auf ihrer Bettdecke. Erst da sah sie, dass in das Holz ein Buchstabe eingraviert war, ein A. Auf der Unterseite, wo man ihn bei geschlos-
65 senem Deckel nicht sah.

Sie griff nach dem ersten Deckel und sah ihn aufmerksam an. Ja, noch ein A.

Drittes Fach. Gelbe Seide. Blaue Muschel. Der Buchstabe E.

Einen nach dem anderen hob Maggie die kleinen Deckel, bis sie den Inhalt aller sieben Fächer angesehen hatte.

70 Dann war sie sich sicher:

Gee hatte ihr ein Rätsel hinterlassen.

Ein Teil war einfach zu lösen. Als sie das vierte Fach öffnete, wusste sie schon, welche Farbe die Seide haben würde: Grün. Die Fächer waren in den sieben Farben des Regenbogens ausgefüttert, rot – orange – gelb – grün – blau –
75 indigo – violett. ROGGBIV. Vor Jahren hatte Gee ihr aus Österreich ein Prisma mitgebracht, es ins Licht gehalten und ihr mit einer Eselsbrücke, über die sie beide lachen mussten, die Spektralfarben beigebracht: *Rote Orangen, gelbes Gras, im blauen Dunkel Viola saß.* Dadurch war es ihr ganz leichtgefallen, die Farben herunterzurattern, obwohl sie damals erst sechs war. [...]

80 Maggie nahm alle sieben Deckel ab und legte sie in einer Reihe neben sich. Das Licht, das durchs Fenster fiel, verstärkte noch den Glanz der glatten Seide, mit der das Kästchen gefüttert war.

Ein Kistchen mit einem Regenbogen darin. Regenbogen, Licht – Hell und Dunkel, beides war für Gee in seiner Arbeit immer so wichtig gewesen.

85 Sie griff noch einmal nach der Karte.

Wirf sie alle zurück.

Auch das gehörte zum Rätsel.

Zurück? Das konnte nur heißen, dahin zurück, wo sie hergekommen waren. Zurück ins Meer. Fast konnte sie Gees Stimme hören, wie er zu ihr sagte:
90 »Nun rate mal – welches Meer wohl?«

1 Beschreibe, wie Maggie ihren Großvater sieht. Welches Verhältnis hatte sie zu ihm und wodurch wird das deutlich?

2 Überlegt, was die Farben sowie die Muscheln und Schnecken bedeuten könnten.

3 Versetze dich in Großvater Gee und schreibe in Briefform auf, was er sich bei Maggies Aufgabe gedacht haben könnte.

Eoin Colfer

Jason

Grandpa Gee war gestorben, und Maggie bekam ein Kistchen mit Muscheln. Ihr Bruder Jason bekam einen Stapel signierter Fotos. Nach Jasons Meinung war Maggie zu kurz gekommen. Autogramme waren viel mehr wert. Muscheln konnte man an jedem Strand der Welt sammeln. [...] Es gab auf der Welt mehr Muscheln als Kakerlaken, und alles, wovon es mehr als genug gab, konnte unmöglich besonders wertvoll sein.

Originalfotos mit Autogramm hingegen waren bestimmten Leuten Geld wert. Eine Marktlücke nannten Händler so etwas. Schon erstaunlich, wofür manche Leute bereit waren, Geld hinzublättern. Alte Comics, fehlerhafte Poststempel, Holzschnitzereien, die irgendein Typ in einem Vulkankrater vor Millionen von Jahren angefertigt hatte. Unglaublich. Jasons Meinung nach war Geld nur für einen Zweck gut: einen dorthin zu bringen, wo man hinwollte. Jason hatte zu vielem eine Meinung.

Am Tag nach Grandpa Gees Beisetzung stopfte Jason das Päckchen mit den Fotos in seine Tasche und ging zur Tür.

Mom stand geistesabwesend an der Garderobe und sah erst auf, als Jason die Tür öffnete.

»Jason«, sagte sie, so als wäre er geradewegs von der Enterprise heruntergebeamt worden. »Wo willst du hin?«

»Raus«, antwortete ihr Sohn mürrisch.

»Wohin raus?«

Jason stöhnte auf. »Raus eben. Kann dir doch egal sein.« [...]

Antiquitäten Kronski war ein alter Trödelladen im zweiten Stock, über all den Gaps und Burger Kings – zusammen mit lauter kleinen Firmen, die sich Ladenlokale in besserer Lage nicht leisten konnten. Doch der Inhaber, Dr. Kronski, war anders als die übrigen Händler auf dieser Etage. Wenn man hereinkam, sah er einen immer an, als störte man ihn gerade bei irgendetwas Wichtigem und hätte ihm mit Sicherheit ohnehin kein interessantes Geschäft vorzuschlagen. [...]

Ein Messingglöckchen klingelte, als er zur Tür hineinging. Jason konnte kaum den Ladentisch erkennen zwischen all dem Plunder – Verzeihung: all den *»Antiquitäten«* –, der jeden Quadratzentimeter Boden füllte. Was auch immer der alte Kronski als Miete dafür zahlen mochte – es lohnte sich garantiert.

Kronski stand hinter dem Ladentisch. [...]

Er sah flüchtig auf, die Stirn ärgerlich gerunzelt.

Jason wandte sich einen Moment ab, um eines der Fotos aus seinem Päckchen zu ziehen. Eine verschwommene Schwarz-Weiß-Aufnahme von zwei Boxern in Aktion. Gestreckte Sehnen, schweißglänzende Körper, Lippen hinter weißem Zahnschutz. Man sah das Foto an und fühlte sich, als stünde man direkt am Ring. Quer darüber war mit schwarzem Filzstift eine Widmung gekritzelt. *Für Jason*, stand da. *Du bist der Größte.* Und darunter eine auffällige Unterschrift: *Muhammad Ali.*

Einen Moment lang starrte Jason auf das Foto. Grandpa Gee musste das Bild in den Siebzigern aufgenommen und Muhammad Ali später [...] irgendwie dazu gebracht haben, es zu signieren. Erstaunlich. Einzigartig.

»Was versteckst du da, Junge? Die Kronjuwelen? Zeig her oder mach, dass du rauskommst.«

Plötzlich sträubte sich etwas in Jason dagegen, sich von dem Bild zu trennen, doch dann rief er sich ein Bild von Tobago in den Kopf, und gleich wuchs seine Entschlossenheit wieder.

Er knallte das Foto auf den Ladentisch.

»Was geben Sie mir hierfür, Doc?«

Kronski nahm eine Pinzette vom Regal und hob das Foto an einer Ecke hoch.

»Das Autogramm ist echt, nehme ich mal an.«

»Absolut.«

Kronski lächelte dünn. »Sagen wir so: Ich bitte einen Freund von mir, es zu überprüfen. [...] Wenn sich zeigt, dass sie echt ist, kann ich dir laut Katalog fünf Dollar dafür geben.«

»Fünf Dollar!« Jason schnappte nach Luft. »Aber Muhammad Ali ist eine Boxerlegende.«

Kronski seufzte. »Heutzutage verbringen solche Legenden den größten Teil ihrer Zeit damit, irgendwelche Sachen zu signieren. Im Durchschnitt signieren Prominente in ihrem Leben über zehntausend Papiere aller Art. Ich geb dir fünf Dollar – oder hundertfünfzig für den ganzen Umschlag.«

Hundertfünfzig Dollar? Konnte er sein Erbe für so wenig verscherbeln?

1 Diskutiert Jasons Entschluss, die geerbten Autogramme zu verkaufen.

2 Die beiden Textauszüge wurden von zwei verschiedenen Autoren geschrieben. An welchen erzählerischen Merkmalen kannst du das erkennen? Suche Textbeispiele.

Mika ist unglücklich. Seine Freundin Sandra hat mit ihm Schluss gemacht, und es ist nicht leicht für ihn, sich in dieser neuen Situation zurechtzufinden. Aber er lernt sich selbst dadurch besser kennen und ist offen für Neues.

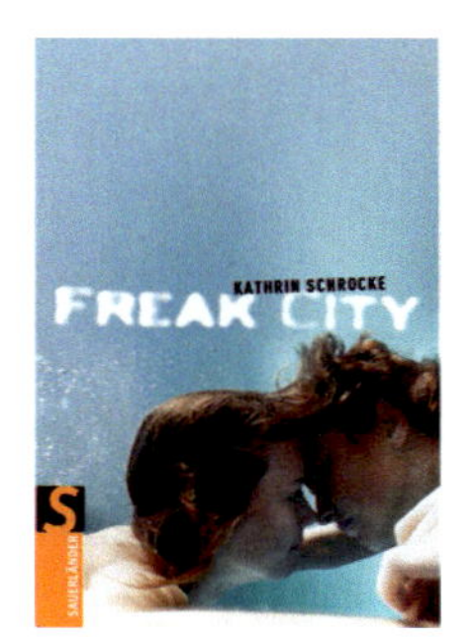

Katrin Schrocke

Freak City

Vor zwei Wochen, drei Tagen und fünf Stunden hatte Sandra mich an die Luft gesetzt.

Sandra, heißt so nicht eine todbringende Seherin bei den alten Griechen? Egal, mir hatte sie auf jeden Fall jede Menge Mist eingebrockt.

5 Stell dir ein quirliges Bündel Energie vor, das nie ruhig bleiben kann. Ein Mädchen, das wie ein Pingpongball durchs Leben schießt, mit dem einen Ziel, Spaß zu haben und hilflosen Jungs wie mir den Kopf zu verdrehen. Sie trug platinblond gefärbtes kurzes Haar, das sie mit viel Gel zu einer Tolle formte. Sie hatte das auf einem Foto von Pink abgeguckt und war eindeutig die hüb-
10 schere Variante von beiden. Noch eine Gemeinsamkeit hatte sie mit ihrer Lieblingssängerin: Sie war Frontfrau in einer Band. Zwar nur eine Schülerband, aber das war ein Anfang. Nach dem Abschluss wollte sie nach Mannheim, auf die Popakademie. [...]

Sandra hatte Talent und sah umwerfend aus. Es war genau genommen also
15 nur eine Frage der Zeit, bis sie sich von mir trennte.

Seit sie Schluss gemacht hatte, war irgendeine neuronale Schaltung in meinem Kopf umgelegt. Ich musste 24 Stunden am Tag ununterbrochen an sie denken. Was wir gemacht und nicht gemacht hatten. Was wir geplant und nicht geplant hatten. Was wir gesagt und nicht gesagt hatten. [...]

20 Bei Schnitzel dachte ich daran, wie Sandra die Gabel gehalten hatte.

Sah ich einen Möbelwagen, dachte ich an den alten Schreibtisch, den sie von oben bis unten mit Edding vollgeschmiert hatte, nur so als Gag.

Sah ich das Kinoprogramm für nächste Woche, dachte ich an ihren Lieblingsfilm.

25 »Liebe braucht keine Ferien«.

Fängt der nicht auch mit einer Blondine an, die ihren Kerl vor die Tür setzt? Ich hätte es ahnen müssen.

Ich war in einer gedanklichen Endlosschleife gefangen.

1 Lege eine Tabelle mit drei Spalten an. Schreibe in je eine Spalte, was Mika über sich und Sandra berichtet.

2 Im folgenden Textauszug geht Mika ins Café eines Blindenwerks und belauscht dabei zufällig Sandra und ihre Freundinnen. Ergänze in der dritten Spalte deiner Tabelle, was Sandra über ihre Beziehung erzählt.

Ich tastete mich durch den Raum in die Ecke, wo ich Sandra und ihre Freun-
30 dinnen vermutete.

»Haha, sehr witzig!« Das war Vanessa.

Ich blieb einen gefühlten Meter vom Tisch der Mädchen entfernt stehen. Als Kind hatte ich mir oft gewünscht, unsichtbar zu sein. Jetzt war ich es und hatte absolut kein schlechtes Gewissen, meine Exfreundin zu belauschen.

35 »Ich brauche auf jeden Fall erst mal eine Weile Auszeit von ihm!«, stellte Sandra fest.

»Das klingt, als ob du doch noch was von Mika willst?« Nadine klang überrascht. »Belästigt er dich eigentlich immer noch mit seinen ständigen Anrufen?«

40 Ich wurde rot. Es stimmte, ich hatte in den zwei Wochen seit der Trennung ein paarmal bei Sandra angerufen. Und ich hatte ihr manchmal nachts eine SMS geschickt, wenn ich aufgewacht war und an sie gedacht hatte. Aber »Belästigung« war ein zu hartes Wort!

»Er kommt überhaupt nicht darüber weg«, sagte Sandra seufzend. Irgend-
45 wie klang sie zufrieden dabei. »Ich meine, das war ja auch die ganz große Liebe zwischen uns. Echt starke Gefühle, eine richtig ernste Sache ...«

Schritte näherten sich. Eine weibliche Stimme war zu hören. »Ich bringe die Getränke! «

»Kakao«, dachte ich. Das war Sandras Lieblingsgetränk.

50 »Latte Macchiato«, sagte Sandra. »Ich steh auf das Zeug!«

Die Bedienung servierte die Getränke und entfernte sich wieder.

»Wo waren wir stehen geblieben?« Nadine klang gespannt.

»Dass Sandra eine Auszeit braucht!«, nahm Vanessa den Faden auf.

»Vielleicht merke ich ja in der Zwischenzeit, dass ich wirklich zu Mika ge-
55 höre«, murmelte Sandra. »Wir hatten echt superschöne Zeiten. Vielleicht wird mir aber auch bewusst, dass es langfristig zwischen uns nicht funktionieren kann. Als Partner fehlt Mika einfach der nötige Pep. «

Das Blut in meinen Schläfen pochte. Sandra sprach so ungeniert über mich, als würde sie die letzten Fußballergebnisse herunterbeten.

60 »Kein Pep. Meinst du das jetzt sexuell oder was?«, fragte Vanessa und lachte quietschend auf.

»Quatsch.« Sandra schlürfte an ihrem Kaffee. »Ich meine damit seine Persönlichkeit.«

Irgendwie wünschte ich mir fast, sie hätte es sexuell gemeint. »Das Problem ist einfach, dass Mika immer den einfachsten Weg wählt. Der ist so zufrieden mit dem Ist-Zustand.« Langsam redete Sandra sich in Rage. »Der würde sich nie für was engagieren. Der nimmt die Sachen so, wie sie ihm zufallen. Freizeitprogramm: gemeinsam auf dem Sofa abhängen und Glotze an. Klar mag ich das auch mal, aber doch nicht immer. Der Typ hat kaum Hobbys, kaum Interessen. Ich liebe ihn eigentlich immer noch, aber wenn er sich nicht schleunigst ändert, wird das nie mehr was mit uns.«

Die Worte fluteten mein Hirn, als wäre irgendwo eine Schleuse geöffnet worden. Der einfachste Weg ... Was war daran so schlecht? Außerdem hatte Sandra nicht Recht: Ich hatte Interessen. Sie war mein Interesse. Das letzte Jahr hatte ich ausschließlich damit verbracht, Sandra genau kennen zu lernen.

Ich wusste, wie man sie zum Lachen bringen konnte. Ich wusste, auf welche Musikgruppen sie stand. Ich war der Einzige, der kapierte, warum sie bei den Sissi-Filmen heulen musste. Ich wusste, wo sie mit acht ihren Sommerurlaub verbracht hatte, und ich wusste, dass sie auf Eis mit heißen Himbeeren stand. Ich kannte ihre Schuhgröße und ihre Lieblingsfarbe. Ich war ein Experte in Sachen Sandra. Wie konnte sie behaupten, dass ich ein Langweiler ohne Interessen war?!

Ein Handy ging.

85 Vanessa pfiff durch die Zähne. »Bestimmt ist er das!«, sagte sie aufgeregt in Sandras Richtung.

»Wer? Mika?« Nadine war offenbar noch nicht eingeweiht. »Unsinn!« Sandra drückte auf den Knopf ihres Telefons.

»Das war Florian, der Typ, der im Waikiki-Club auflegt. Gestern sind wir 90 uns zufällig im Kino begegnet. Jetzt will er sich für morgen mit mir verabreden. Da ist so eine Fete am Baggerloch. Er fragt, ob wir anschließend gemeinsam zelten wollen.«

Verzweifelt lehnte ich meinen Kopf an die Wand. Florian. So hieß der Neue. Sandra klang regelrecht aufgedreht. Die Lücke, die ich hinterlassen hatte, war 95 also bereits gefüllt.

Sandra dachte zwar darüber nach, zu mir zurückzukehren. Gleichzeitig sah sie sich auf dem Markt der einsamen Herzen um.

3 Vergleicht eure Aufzeichnungen zu Mika und Sandra. Diskutiert dann, ob und mit welchen Veränderungen ein Neuanfang für die Beiden möglich wäre.

Mika hat inzwischen Lea kennen gelernt. Er fühlt sich von dem selbstbewussten Mädchen angezogen. Doch das Kennenlernen ist nicht einfach: Lea ist gehörlos. Deshalb hat Mika einen Kurs in Gebärdensprache begonnen.

Meine Augen rasten über die Zeilen. Der Brief war ziemlich lang. Noch nie vorher hatte mir jemand einen so ernsten Brief geschrieben.

100 Als ich fertig war, legte ich mich aufs Bett und begann noch mal von vorne. Mein Herz schlug plötzlich verdächtig schnell, dabei hatte Lea mir eigentlich nur harmlose Dinge geschrieben.

»Lieber Mika, ich möchte den Brief mit einer Entschuldigung beginnen. Es tut mir leid, dass ich dich bei mir zu Hause so angegriffen habe. Dein unerwarteter Besuch 105 *hat mich total überrumpelt, denn damit habe ich überhaupt nicht gerechnet. Normalerweise mag ich es nicht, dass mich jemand innerhalb meiner Familie erlebt. Ich liebe sie alle sehr, aber oft fühle ich mich ausgeschlossen und nicht ernst genommen. Als wäre ich ein Austauschschüler aus einem exotischen Land, dessen Sprache niemand spricht und dem ständig bewusstgemacht wird, wie mühsam es für alle ist, ihn den-* 110 *noch einzubeziehen, ich mag nicht, dass du mich so schwach erlebst. Du sollst einen starken Eindruck von mir haben!«*

Sie schrieb auch, dass sie mich vermisste und es toll fand, dass ich inzwischen so gut in Gebärdensprache war.

Ich fand, sie übertrieb, aber ich freute mich über das Kompliment. Den Satz
115 *»Ich bin stolz auf dich«* las ich mehrmals hintereinander.

Am Schluss des Briefes schrieb sie: *»Ich möchte dich wahnsinnig gerne wiedersehen! […]«* Ganz klein stand dann noch etwas am Rand der Seite: *»Ich würde dich gerne zu einer besonderen Veranstaltung in der Innen-*
120 *stadt einladen. Hast du am Donnerstagabend Zeit? Das hoffe ich sehr! Ich bin sicher, es wird dir gefallen!«*

Was genau sie vorhatte, schrieb sie nicht. Nur, dass ich mich ein bisschen schick machen sollte, vielleicht so, als würde ich in die Disco gehen.
125 Und dass ich sie zu Hause abholen sollte.

Ich verspürte die ultimative Erleichterung.

In den letzten zwei Tagen hatte ich immer, wenn ich an Lea gedacht hatte, ihr wutverzerrtes, zorniges Gesicht am Mittagstisch ihrer Eltern vor Augen. Jetzt verschwand
130 dieser negative Eindruck und andere Bilder kehrten in meinen Kopf zurück.

Bilder, die viel schöner waren und alles andere überdeckten: Lea, wie sie ganz cool am Billardtisch stand und mit dem Queue die Kugeln dirigierte. Lea, wie sie gemeinsam mit Franzi über irgendetwas Albernes lachte. Lea in einem verschärften Bikini, ihre Haut mit unzähligen Sommersprossen übersät. Lea,
135 wie sie neben mir lag, nur Zentimeter von mir entfernt, und mir einige Geheimnisse entlockte.

Lea, wie sie mich anblinzelte, angrinste, wie ihre Augen meine trafen und wortlos verstanden. Immer wieder Lea, wie auf einer riesigen Leinwand in meinem Kopf.

140 Ein sexy Stummfilm, fernab von Hollywood, und ganz allein für mich gemacht.

4 Erläutere, wodurch sich Mikas Beziehung zu Lea von der zu Sandra unterscheidet. Wie bewertest du seine Art, eine Beziehung zu führen?

5 Überlegt, wie es mit Mika und Lea weitergehen könnte. Welche neuen Erfahrungen hält ihre Beziehung bereit und welche Schwierigkeiten könnte es geben?

Figuren charakterisieren

Die Charakterisierung einer literarischen Figur dient dazu, ein umfassendes Bild von ihr zu erstellen. So lassen sich Verhaltensweisen und Gründe für bestimmte Handlungen besser interpretieren. Folgende Aspekte sind für eine Figurencharakteristik wichtig; die Beispiele stammen aus dem Textauszug »Freak City«:

1. Äußere Erscheinung mit Einzelheiten und Besonderheiten

Sandra hat kurze, platinblond gefärbte Haare, die sie mit Gel zu einer Tolle formt. Ihr Vorbild ist die Sängerin Pink.

2. Lebensumstände mit Alter und Familiensituation sowie Beruf

Sie geht noch zur Schule und ist Frontfrau in einer Band.

3. Verhaltensweisen und Verhältnis zu anderen Figuren

Sandra ist ein Energiebündel und bei Jungen sehr beliebt.
Sie hat einige Freundinnen, mit denen sie viel unternimmt. ...

4. Innenwelt der Figur: ihre Gedanken, Gefühle, Wünsche

Wichtig ist für sie, Spaß zu haben und auf andere gut zu wirken.
Sie möchte nach der Schule eine Popakademie besuchen. Momentan ist sie sich nicht sicher, ob Mika der richtige Partner für sie ist, und hat deshalb Schluss gemacht.

5. Zusammenfassung der Merkmale und Bewertung der Figur

Sandra sieht attraktiv aus und ist eine talentierte Sängerin. Allerdings wirkt sie noch etwas unreif und oberflächlich.

1. Charakterisiere den Ich-Erzähler Mika anhand der Textauszüge von »Freak City«. Orientiere dich an den oben genannten fünf Schritten.

2. Vergleicht eure Ergebnisse und überarbeitet eure Charakterisierungen.

3. Bewerte nun Mikas Verhältnis zu Sandra.

Melanie Quandt, Schülerin

Sich überwinden

Ich habe Angst vor dem, was ich sage,
Angst, über persönliche Dinge zu reden,
Angst, mich gegenüber andren zu öffnen.
Wenn ich das nämlich tue,
5 Sehen die anderen meine Schwächen
Und verletzen mich.
Deswegen schweige ich meist über das,
Was in mir vorgeht.
Das ist ein Fehler, ich weiß
10 Und ich will es auch überwinden.
Manchmal schaffe ich das
Zum Beispiel,
Indem ich einen Text wie diesen hier vorlese.
Doch die Angst, ausgelacht zu werden,
15 Sie bleibt.

Juliane Grupa, Schülerin

Ich zeige mich an

Ich werde vermisst, ich, Juliane Grupa, 17 Jahre, 1,75 Meter groß.
Ich bin vor zwei Wochen abgehauen, habe einen Brief hinterlassen, dass sich keiner Sorgen machen muss. Zuletzt trug ich einen grauen Pullover, eine schwarze Hose und graue Plateauschuhe. Ich habe drei Zentimeter kurze rote Haare, blaugraue Augen und lange Fingernägel. […]
Ich bin ein nettes, ruhiges, trauriges, zierliches, armes, unschuldiges, hilfloses Mädchen. Wenn mich jemand gesehen hat:
Ruft mich unter der unten eingeblendeten Nummer an!
Ich vermisse mich nämlich sehr!

1. Auf welche Merkmale gehen die Verfasserinnen bei ihrer Selbstcharakterisierung ein? Nutze dazu die Hinweise der Methodenseite (S. 22).
2. Schreibe einen Text, in dem du dich selbst charakterisierst.

Früher war Kitty eine gute Schülerin. Doch in letzter Zeit geht sie nicht mehr gern in die Schule und schwänzt ständig.

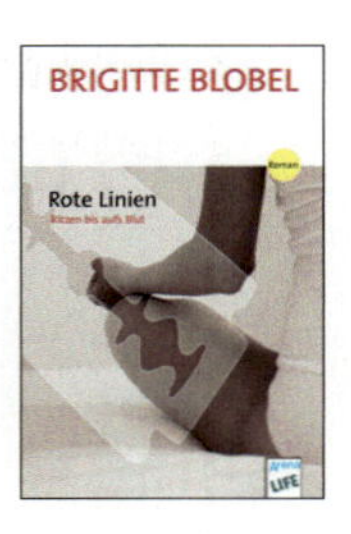

1 Lies den folgenden Textauszug. Achte darauf, was kurz vor Schulbeginn auf dem Flur vor den Klassenzimmern passiert.

Brigitte Blobel

Rote Linien. Ritzen bis aufs Blut

Nur noch ein paar Minuten, denkt sie, dann geht es los.
Alles nur ein Spiel.
Aber eins mit komplizierten Regeln.

Kitty weicht zurück, an die Wand. Lehnt den Rücken und den Kopf gegen die frisch gekalkte weiße Wand. Die anderen Schüler drängen und stolpern an ihr vorbei. Sie schließt die Augen.

Der Geruch der Schule macht sie krank. Sie hat Angst, dass sie sich übergeben muss.

Das Dröhnen in ihrem Kopf lässt nicht nach. Es ist wie eine Zange, wie eine Eisenklammer, die sich um ihren Kopf schließt, auf der Höhe ihrer Ohren und der Nase. Die Nase schwillt zu von dem Dröhnen in ihrem Kopf. Und dann tun die Nebenhöhlen auf einmal weh und sie bekommt keine Luft mehr. Es ist wie immer. Die anderen Schüler lachen, raufen, schreien. Als wäre alles in Ordnung. Die merken offenbar nichts.

Manchmal hat Kitty schon geglaubt, dass in der Schule Giftstoffe sind. Im Fußboden, in den Wänden. In irgendeinem Putzmittel. Oder einer Farbe. Irgendetwas, das ihren Kopf ganz einfach fertigmacht.

»Hey, Kitty. Auch mal wieder da?« Das ist Sandi, der einzige Schwarze aus ihrer Klasse. Sandi Wijono aus Ghana. Als er in die Klasse kam, hat Dr. Fischer ihn gebeten, einen Vortrag über sein Land zu halten.

»Warum?«, hat er gefragt.

»Na, warum wohl? Damit die anderen sich ein Bild von deiner Heimat machen können.«

Sandi Wijono hat gesagt, er würde sich das überlegen. Am nächsten Tag ist er mit der Mitteilung in die Schule gekommen, dass er doch keinen Vortrag halten will.

»Wenn ich erzähle, wie schön es zu Hause ist«, sagte er, »dann fragen doch alle: ›Und wieso bist du hier? Wieso sind deine Eltern nicht einfach da geblie-

ben, wenn es da so schön ist?‹ Es versteht doch sowieso keiner, dass man seine
30 Heimat erst dann richtig liebt, wenn man sie nicht mehr hat.«

Das hatte Kitty damals gefallen. Die anderen haben Sandi ausgebuht, weil sie das blöd fanden. Aber Kitty hat ihn verstanden. Sie konnte es bloß nicht richtig erklären. Aber sie hat ihm zugelächelt, als er an seinen Platz zurückgekehrt war. Und irgendwie hat sie seitdem das Gefühl, dass Sandi ihr das nie
35 vergisst. Dieses eine Lächeln, im richtigen Augenblick.

»Ja«, sagt Kitty. »Auch mal wieder da.«

»Der Fischer wird Augen machen.«

»Hat er schon.«

Sandi stellt seine Tasche neben
40 ihr ab, lehnt sich auch an die Wand und schaut dem Drängeln der kleinen Schüler zu. [...]

»Was hat er gesagt?«

»Dass er sich freut oder so was.«

45 Sandi feixt. »Und du hast das natürlich geglaubt.«

Kitty verzieht ihr Gesicht. »Hältst du mich für so blöde? Der wäre mich doch am liebsten los.«

50 »Wie kommst du denn da drauf?«

»Na, die wollen mich doch von der Schule kicken. Seit ich so schlecht geworden bin. Seit meine Zensuren so mies sind.«

»Du warst doch früher einmal total gut?« Sandi stößt sich von der Wand ab, starrt Kitty an. »Vielleicht will der Fischer dir ja nur helfen.«

55 »Quatsch.« Kitty zuckt mit den Schultern. »Dem bin ich doch egal.«

»Glaubst du wirklich?« Sandi runzelt die Stirn. »Ich meine, wieso sollte er dich loswerden wollen?«

»Keine Ahnung. Sie wollen es einfach. Ich störe sie. Sie können mich nicht leiden. Und weißt du, was? Ich kann die ganze Schule genauso wenig leiden.
60 Sie macht mich krank.«

»Seit wann kannst du hören, was die Leute denken? Niemand hat etwas gegen dich.« Kitty bückt sich, hebt ihre Schultasche auf und drückt sie gegen den Bauch. Sie will weitergehen, aber Sandi bleibt bei ihr.

»Echt«, sagt er, »die mögen dich alle.«

65 Kitty zuckt nur mit den Schultern.

»Weil ich es nicht aushalte. Deshalb.«

Sie sind jetzt kurz vor ihrem Klassenraum. Kitty sieht Katja und Nadine miteinander tuscheln und auf sie deuten. Aha, denkt sie, geht schon wieder los.

70 Nadine umarmt Katja und verschwindet mit ihr in der Klasse. Das Lachen aus dem Klassenraum dringt bis zu ihr. Die lachen jetzt über mich, denkt sie, und schon beginnt wieder das Glühen in ihrem Kopf, direkt unter der Hirnschale.

Einmal musste sie einen englischen Text lesen und hat das Wort *desert* 75 falsch ausgesprochen, sodass es wie *Dessert* klang. Süßspeise statt Wüste. Alle hatten sich schiefgelacht. Eine ganze Stunde über einen blöden Versprecher. Es ist die Hölle gewesen.

Sie lässt die Schultasche fallen, der Verschluss geht auf und alles fällt raus. Kitty rührt sich nicht. Sie starrt einfach nur auf die Sachen zu ihren Füßen.

80 Ich geh da nicht rein, denkt Kitty.

Sandi lacht, unsicher. »Hey. Was ist jetzt auf einmal?«

Kitty rührt sich nicht.

Nadine taucht plötzlich auf. Sieht die Schulsachen auf dem Fußboden. Presst die Hand auf den Mund.

85 Kitty sieht den langen Flur, der jetzt leer ist. Die Glocke schrillt. Die Türen zu den Klassenzimmern sind noch offen.

Am Ende des Flures tauchen drei Gestalten auf. Die Lehrer. Sie kommen auf Kitty zu. Mit schnellen energischen Schritten. [...]

Unerbittlich kommen sie näher, ihre Schritte hallen im Flur. Ihre Stimmen 90 werden immer lauter, dröhnen, hämmern in ihrem Kopf. Sie kann nichts verstehen. Aber sie hört ihren Namen. Sie ist sicher, dass sie immer wieder »Kitty« hört. Aus der Klasse dringt das Lachen. [...]

Dann rennt sie los. [...] Rennt zur Treppe, nimmt zwei Stufen auf einmal, rennt nach draußen. Rennt, bis sie auf der Straße steht.

95 Bleibt stehen. Atmet lange. Langsam. Tief. Schließt die Augen. Aber davon wird es nicht besser. Das Dröhnen. Das Lachen.

2 Erstelle einen Cluster zu deinen Eindrücken von Kitty.

3 Stellt Vermutungen an, warum Kitty in der Schule Angst hat. Diskutiert dann, wie sich Mitschüler und Lehrer gegenüber Kitty verhalten sollten.

4 Charakterisiere Kitty. Orientiere dich dabei an der Methodenseite (S. 22).

Die 16-jährige Agnes lebt in Kronstadt, dem ehemals deutschsprachigen Teil Rumäniens. Ihre Eltern sind vor einiger Zeit in den Westen geflüchtet, seitdem lebt sie bei ihrer Großmutter Puscha. In deren Haus wohnen auch der Student Petre, in den Agnes verliebt ist, und Petres Vater Misch. Eines Tages entdeckt Agnes, dass Petre einen Aufruf zum Protest gegen die Diktatur des Ceauçescu-Regimes gedruckt hat.

Karin Bruder

Zusammen allein

Seit der Kindergartenzeit hatte ich keine allerbeste Freundin mehr. Karin mochte ich, aber sie war mir zu spitz: spitzgesichtig, spitzzüngig und spitzfindig. Vor allem, wenn es um Petre ging, gerieten wir oft aneinander. Dennoch suchte ich sie auf. Ich musste dringend mit ihr reden. Leider war sie nicht zu Hause. Was dann passierte, werde ich mir nie verzeihen. Auf dem Heimweg traf ich Rosi. Sie war elf Jahre älter als ich und arbeitete als Krankenschwester. Ich hakte mich bei ihr unter. Rosi ging in unserem Haus ein und aus. Sie liebte Puscha und holte sich oft Rat bei ihr. Jetzt wollte ich [...] mit ihr über die Entdeckung im Keller sprechen. Natürlich ohne zu erwähnen, dass ich die Entdeckung gemacht hatte und wo und wen sie betraf. Rosi war sehr schön, hatte hüftlange Haare, dicht, rötlich. Ich merkte nicht, dass auch sie Kummer hatte. Mir fiel nur auf, dass sie kaum Fragen stellte.

Drei Tage später standen vier Männer in Zivil vor dem Haus meiner Großmutter. Alle Räume wurden durchsucht, vor allem der verschlossene Kellerraum. Sie fanden gehortete Lebensmittel, jedoch keine Gegenstände, die zum Drucken von Pamphleten geeignet schienen, nicht einmal ein weißes Blatt Papier. [...]

Rosi hatte beim Leben ihrer Mutter geschworen, dass sie nichts erzählen würde. Aber wer sonst, wenn nicht sie, hätte den Verrat begehen und die Geheimen informieren können? [...]

Rosi sah ich nicht mehr wieder. Sie war, wie ich später erfuhr, im vierten Monat schwanger gewesen und hatte gehofft, durch den Verrat die Genehmigung für eine Abtreibung zu erhalten. Die Behörden wollten ihr lediglich bei der Beschaffung einer Wohnung helfen. Da griff sie selbst zur Stricknadel. Zu ihrer Beerdigung ging ich nicht. [...]

1 Notiere die Abfolge der Ereignisse mit den Namen der Beteiligten.

2 Überlegt, wieso Agnes dringend mit einer Freundin über ihre Entdeckung sprechen möchte.

3 Lies das folgende Verhör und skizziere den Ablauf.

Sie kamen nach Schulschluss. [...] Ich erkannte sie an ihrer Kleidung, grau-braun-grau, an den guten Lederschuhen und an der Art, wie sie sich bewegten, mit einer Zielstrebigkeit, die ungewöhnlich war.

»Komm mit, wir haben ein paar Fragen!« Sofort war sie da, die Angst. Sie
30 mussten mich anstoßen, damit ich aus der Erstarrung erwachte und ihnen in einen kleinen Abstellraum folgte. [...]

Der Raum war eng, ein einziges Fenster hing verloren unter dem Plafond[1], trübe Sonnenstrahlen sickerten durch ein Metallgitter. Wie in fast allen öffentlichen Räumen war die 60-Watt-Birne durch eine schwächere ersetzt wor-
35 den. Es dauerte eine Weile, bis sich die schemenhaften Schatten in den Regalen in Schulartikel verwandelten, ich starrte auf Kartons mit Buntpapier und Scheren, Zeigestöcken und Landkarten. Ein kleiner Tisch mit Stuhl stand an der Fensterseite. Es roch nach Mäusedreck. Da sie mir keinen Platz anboten, blieb ich stehen. Und presste meine Schulterblätter gegen die Tür, die jetzt
40 keine normale Tür mehr war, sondern die Kälte einer Gefängnistür ausströmte. Zitternd schlug ich den schweren Kragen des Wintermantels nach oben. Das war ein inoffizielles Verhör, daran bestand kein Zweifel.

»Und?«, fragte der Erste. Schwerfällig setzte er sich auf die Tischkante, die er vorher mit einem Taschentuch abgewischt hatte. Was ihm am Kopf an Haa-
45 ren fehlte, trug er im Gesicht. Sein wilder Bart glich einer Fassadenbegrünung. Irgendetwas galt es zu schützen oder zu verschönern. Die Männer stellten sich nicht vor, sie begannen gleich mit den Fragen. »Was hast du uns zu sagen?«

Ich sah von einem zum anderen. Der mit dem Bart lächelte. Weil ich immer
50 noch schwieg, kam der Zweite auf mich zu. An sein Gesicht erinnere ich mich nicht mehr, aber er war groß, ungewöhnlich groß für einen Rumänen. Mit einer ungeduldigen Bewegung schob er seine Brille nach oben, musterte mich, wie man ein seltenes Insekt mustert. Ich war ihm lästig, besagte sein Blick.

»Du heißt Agnes Tausch?« [...]

55 »Ja«, stotterte ich.

1 *frz.* Zimmerdecke, die meist künstlerisch gestaltet ist

»Du lebst bei deiner Großmutter, seit deine Eltern beschlossen, ins kapitalistische Feindesland zu fliehen. Du kennst Petre Dobresan.«

Mein Schlucken war hörbar, und plötzlich hatte sich so viel Speichel im Mund gesammelt, dass ich nur noch nicken konnte.

60 »Wie ist er so, der junge Dobresan?« Immer noch stand der Große direkt vor mir. [...] In seinen Augen wiederholte sich die Frage, doch ich verstand sie nicht. Deshalb sprach er: »Machen wir es einfach. Er ist ein Stinktier, und jetzt wollen wir herausfinden, ob du auch stinkst.«

Nun musste ich doch etwas sagen, doch er ließ mich nicht zu Wort kom-
65 men. »Deine Eltern leben jetzt in Westdeutschland, ohne dich.« Das »dich« betonte der Bartlose, legte eine vielsagende Pause ein. »Da fragt man sich wieso, warum. Warum wollen sie ohne dich leben? Was macht das Zusammenleben mit dir so schwierig? Deine Großmutter hält es mit dir aus, aber wie lange noch?« Er nickte wie jemand, der sich Sorgen machte. »Du gibst dir
70 nicht viel Mühe, nett zu sein, nicht wahr. Zu uns bist du auch nicht nett. Du bist nicht zu uns gekommen, um uns von deiner Entdeckung zu erzählen, du bist zu deiner Freundin gerannt. Das war dumm. Vielleicht hast du ihr auch geraten, du weißt schon, sich von dem Kind zu befreien. Bist du so eine ...?« Seine Stimme wurde immer leiser, »... eine, die andere ins Unglück stürzt? Un-
75 absichtlich vielleicht, weil du unkonzentriert bist und nicht weißt, wie man es richtig macht. Aber jetzt ... jetzt hättest du die Chance, alles richtig zu machen. Du musst uns nur alles erzählen, was du weißt. Von dem Versteck im Keller. Von dem, was auf den Papieren stand. Seit wann weißt du davon? Na, mach schon!« Der Große kam noch einen Schritt näher, jetzt sah ich nur noch
80 das Grau seiner Jacke, roch den Duft von herbem Rasierwasser und Tabakqualm. Mir wurde übel.

»Ich weiß gar nichts«, flüsterte ich gegen die Brust des Fremden.

»Wie bitte, ich verstehe dich nicht.«

Ein Verhör ist kein Gespräch. Trotzdem dachte ich, nachdem sie mich wi-
85 derwillig vom Haken gelassen und ins Meer zurückgeworfen hatten, tage-
lang, nächtelang darüber nach, wie ich treffender hätte antworten können. Wie Spielkarten lehnte ich jeden gesprochenen Satz neu gegeneinander, baute das Fragenhaus aus der Erinnerung auf, überlegte mir Antworten. Sie hätten immer gewonnen, egal, was ich gesagt oder nicht gesagt hätte.

90 Ich weiß gar nichts, diese eine Karte spielte ich aus, immer und immer wieder. Doch sie gaben keine Ruhe. Nach einer Stunde nicht, nach zwei Stunden nicht. Längst kauerte ich, in Tränen aufgelöst, auf dem Boden, längst hatte ich mir die Lippen blutig gebissen, und ich wagte es nicht mehr, den Kopf zu bewegen, damit die Übelkeit in meinem Magen nicht zunahm. [...] Ab und zu
95 dachte ich daran, aufzustehen und hinauszurennen, doch ein Blick auf die Männer wischte jeden Fluchtgedanken beiseite.

»Wir wissen sowieso alles.« Der Bärtige war aufgestanden, er wirkte gelangweilt. Und zu seinem Kollegen sagte er: »Es reicht, lass uns gehen.«

»Nicht so schnell«, fauchte der Große, wischte sich eine Strähne aus der
100 Stirn. »Sag schon, dann geht's dir besser, wer hat dem Dobresan beim Drucken geholfen? Du, sein Vater?«

»Die Sache hat nichts mit Herrn Dobresan zu tun«, jammerte ich. »Ich kenne überhaupt niemanden, der etwas druckt. Rosi hat sich wichtig gemacht.«

105 »Ich glaube ihr.«

»Ich nicht.«

»Schau, wie fertig sie ist. «

»Es geht ihr schlecht, weil sie etwas zu verbergen hat.«

Wie Tennisspieler spielten sie sich den Ball zu. Der Versöhnliche bot an,
110 mir zu helfen. Den Pass könnte ich schneller bekommen, wenn ich mich kooperativ zeigen würde, ich solle alles sagen, dann könne ich nach Hause und er zum Fußballspiel seines Jungen.

Ja, mischte sich der andere wieder ein. Familie, das sei ein gutes Stichwort. Man frage sich natürlich, ob die Eltern, und er zeigte verächtlich in meine
115 Richtung, mich überhaupt wiederhaben wollen.

Das war's. Ich heulte erneut los, Sebastian[2] klopfte an die Tür, und nachdem sie ihn tüchtig zusammengestaucht hatten, machten sie ein Zeichen, und ich wurde gönnerhaft entlassen. Meine Tasche vergaß ich in der Schule. An diesem Tag konnte ich meine Hausaufgaben nicht erledigen.

2 ein Mitschüler

4 Diskutiert, warum Agnes standhaft bleibt und den beiden Männern nichts erzählt und danach trotzdem denkt, die beiden Männer des Geheimdienstes Securitate hätten gewonnen.

5 Lies weiter. Beschreibe das Verhalten der Großmutter in der Diktatur. Kannst du es verstehen? Begründe deine Haltung.

120 Leben mit der Angst. Ich war zu jung, um das System auch nur annähernd zu verstehen. Aber ich verstand etwas von der Angst, die ganz Rumänien fest im Griff hatte und die auch zu meinem Halt geworden war. Gut war, wenn man sich den Gesetzen fügte, wenn man nicht nachdachte, wenn man seinen Kopf nicht aus dem Graben herausstreckte. Das und nichts anderes hatte ich getan.

125 »Grübel nicht zu viel«, sagte Puscha in ihrem schroffen Ton, »sonst wirst du kaptschulig[3]. Er, dieser lispelnde Bauerntrottel[4], hat in diesem Land dafür gesorgt, dass jeder kriminell wird, weil jeder Verbote überschreitet. Nichts ist erlaubt, nicht einmal ein befreiender Furz. Man kann die Gesetze nicht einhalten, also ist jeder über kurz oder lang erpressbar. Aber, Gott sei Dank, es
130 gibt Menschen, die sich auflehnen.«

»Das sagt die Richtige. Du hast dich immer nur arrangiert.«

»Ich habe mich arrangiert.«

»Du hast einen Rumänen geheiratet, obwohl du ihn nicht geliebt hast.«

»Von der Liebe, mein Kind, verstehst du weniger als nichts, halt dich also
135 zurück. Und wenn wir schon dabei sind, lass Petre seinen Weg gehen.«

»Ich wollte ihm helfen, weiter nichts.« Meine Stimme klang kläglich.

»Joi, helfen, was willst du helfen?« Puscha stemmte die Hände in die Hüften. »Verschon mich mit deinen Gescheitheiten. Ich hoffe nur, du hast während dem Verhör deinen Mund gehalten.«

3 *siebenbürgisch* verrückt
4 Gemeint ist Nicolae Ceaușescu, der von 1967 bis 1989 Staatspräsident Rumäniens war.

6 Analysiere die Entwicklung von Agnes, indem du die Ich-Erzählerin charakterisierst. Orientiere dich dabei an der Methodenseite (S. 22).

7 Informiere dich auf der folgenden Seite über das Leben der Deutschen in Rumänien.

Fachübergreifendes

Deutsche in Rumänien

Vor über 800 Jahren siedelten sich die ersten Deutschen in Transsilvanien an, in einem Gebiet im Karpatenbogen, das man auch Siebenbürgen nennt. Die Einwanderer schlossen sich zu einem neuen Stamm zusammen, den Saxones, errichteten Dörfer mit Kirchenburgen und gründeten Städte, zum Beispiel Hermannstadt (Sibiu) und Kronstadt (Brasov).

Bildung war für die deutschstämmigen Bewohner eine wichtige Grundlage, um sich wirtschaftlich und politisch zu behaupten. Seit dem 16. Jahrhundert hatte fast jede siebenbürgisch-sächsische Gemeinde eine eigene Schule und bereits 1722 gab es die allgemeine Schulpflicht. Daneben gehörten die deutsche Sprache und Kultur sowie religiöse Überzeugungen zu den grundlegenden Werten der Siebenbürger Sachsen.

Über die Jahrhunderte war Siebenbürgen unterschiedlichen Herrschaftsgebieten zugeordnet: dem Königreich Ungarn, dem Habsburgerreich und schließlich Rumänien. Nach dem Zweiten Weltkrieg verloren die Siebenbürger Sachsen ihren Grundbesitz und ihre politischen Rechte als Minderheit; viele wurden in Arbeitslager verschleppt. Zwar wurde den Rumäniendeutschen ab 1965 ermöglicht, deutschsprachige Zeitungen und Fernsehsendungen einzuführen, doch sie hatten – wie auch die gesamte Bevölkerung Rumäniens – unter dem sinkenden Lebensstandard und der Securitate, dem rumänischen Geheimdienst, zu leiden. Viele flohen ins westliche Ausland.

Nach der Revolution und dem Zusammenbruch des kommunistischen Regimes im Jahr 1989 verließen über 80 % der Rumäniendeutschen das Land und bauten sich in Deutschland eine neue Existenz auf. Heute leben in Siebenbürgen weniger als 20 000 Siebenbürger Sachsen. In den Städten gewinnt die deutsche Gemeinschaft jedoch wieder an Bedeutung.

Kapitel 2

Medien und Wirklichkeit

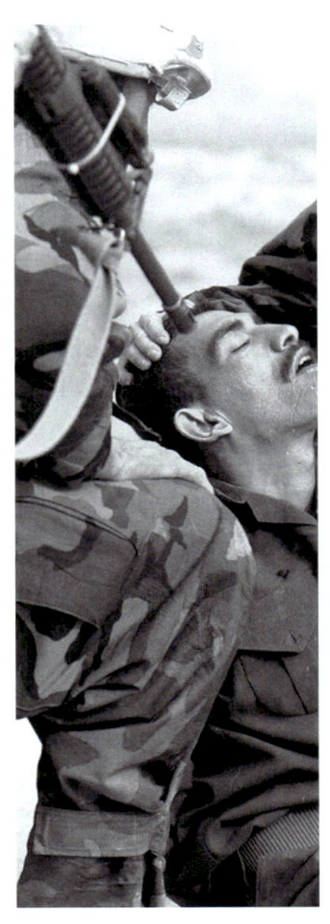

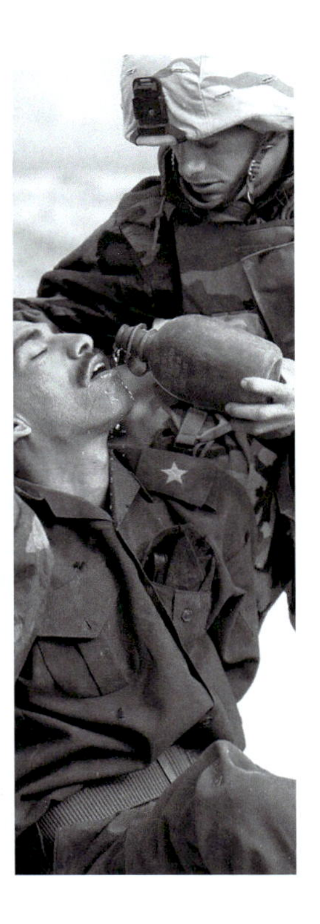

Das farbige Originalbild in der Mitte zeigt einen irakischen Soldaten umgeben von US-Soldaten während des Irak-Kriegs 2003. In der Presse wurde sowohl der linke als auch der rechte Bildausschnitt veröffentlicht.

1 Sieh dir das Originalbild in der Mitte und die beiden Bildausschnitte rechts und links an. Benenne die unterschiedliche Wirkung.

2 Tragt zusammen, welche weiteren Möglichkeiten der Bildmanipulation ihr kennt.

3 Diskutiert gemeinsam, warum Bilder in der Presse manipuliert werden.

Wladimir Kaminer

Ich bin kein Berliner.
Ein Reiseführer für faule Touristen

Seit meine Schwiegermutter bei uns zu Besuch ist, machen sich ihre Verwandten im Nordkaukasus große Sorgen um sie. Jede Woche rufen sie an, oft sogar um Mitternacht. »Wie geht es dir, Tanja? Ist alles in Ordnung? Bist du auch nicht verletzt?«

5 Der Grund für solche Fragen ist die einseitige Berichterstattung über Berlin im russischen Fernsehen. Dort werden nämlich immer wieder erschütternde Bilder aus der deutschen Hauptstadt gezeigt: Nazidemos, Krawalle, brennende Häuser und umgekippte Autos.

»Also, ich habe eigentlich nichts bemerkt«, sagt meine Schwiegermutter 10 jedes Mal verlegen. Dabei leben gerade die Verwandten in einer instabilen Region nahe der tschetschenischen Grenze.

»Guckt weniger Fernsehen und mehr aus dem Fenster! Bei euch ist doch neulich ein Haus explodiert!«, versuche ich zu kontern.

»Was für ein Haus? Hier ist nichts passiert. Aber bei euch in Berlin, das ha- 15 ben wir gesehen – überall Taliban! Bleibt wachsam dort!«, raten uns die kaukasischen Verwandten.

Das zeigt die Macht des Fernsehens: Wenn irgendwo am Arsch der Welt hinter dem Potsdamer Platz ein Demo-Stau entsteht, heißt es sofort in den ausländischen Nachrichten: »Krawalle in Berlin«. [...]

1 Stelle die wichtigsten Informationen dieses Textauszugs zusammen.

2 Diskutiert, auf welche Weise die Medien in diesem Fall die Wirklichkeit darstellen.

3 Erläutere den Satz »Guckt weniger Fernsehen und mehr aus dem Fenster!« (Z. 12).

4 Kennt ihr auch solche unterschiedlichen Wahrnehmungen, die durch einseitige Berichterstattung entstehen? Berichtet darüber.

Vertrauen ist gut, Kontrolle ist besser

Bei einer Untersuchung zum Medienumgang von Jugendlichen wurde 12- bis 19-Jährigen die Frage gestellt, welchem Medium sie bei widersprüchlicher Berichterstattung am ehesten vertrauen würden.

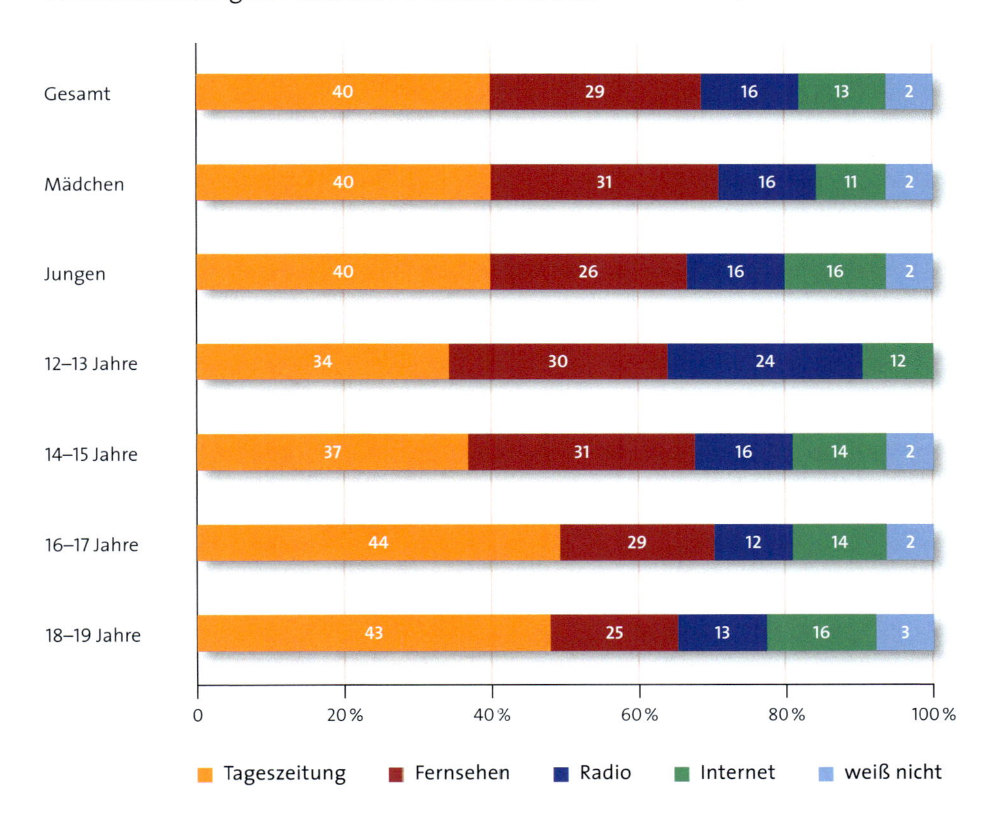

Befragte: n = **1205**
51 % Jungen, 49 % Mädchen

1 Werte die Statistik aus. Welche Nachrichtenquellen werden von Jugendlichen als besonders glaubwürdig eingestuft?

2 Überlegt, was aus eurer Sicht für oder gegen die Glaubwürdigkeit der unterschiedlichen Medien spricht.

3 Diskutiert, welcher Zusammenhang zwischen dem Alter der Befragten und der vermuteten Glaubwürdigkeit von Nachrichten besteht.

1 Lies den folgenden Auszug aus einer Reportage der Zeitschrift *Der Spiegel*. Setze anschließend die Überschrift zu dem Inhalt des Textes in Bezug.

Markus Brauck

Die Reality-Falle

Vielleicht hätte Christian Leps die Sache mit dem Frühstücksbrettchen einfach auf sich beruhen lassen sollen. Vielleicht hätte er lachen sollen und sagen: 2,50 Euro kostet so ein Ding, davon geht die Welt nicht unter. Aber er war überfordert und rastete aus, direkt vor der Kamera.

5 Dann brüllte er die fremde Frau an, die bei ihm zu Gast war und beim Spülen das Brettchen zerbrochen hatte. 2,50 Euro seien für ihn viel Geld, schrie er. Seitdem ist seine Welt aus den Fugen.

»Die Sendung hat unser Leben zerstört«, sagt Leps. Es war die 198. Folge von »Frauentausch«, einem Doku-Soap-Format auf RTL II. Zwei Frauen wech-
10 seln für die Show zehn Tage lang ihre Familie. Die Kameras sind immer dabei. Leps' Ehefrau Yvonne war in Hamburg, als Tauschfrau Natalie zu Hause im ostdeutschen Zerbst das Brettchen zerbrach.

1,8 Millionen sahen zu, als die Folge [...] ausgestrahlt wurde. Einige Tausend in Zerbst. Der Ort kommt in dem Film nicht gut weg. In der RTL-II-Version ist
15 er eine heruntergekommene Ost-Ruine mit den Leps als gleichfalls heruntergekommenen Protagonisten.

Die Zerbster verwechselten das Fernsehen mit der Realität. Sie schämten und rächten sich. Nicht beim Sender, sondern bei Familie Leps. Mit Dutzenden Frühstücksbrettchen im Briefschlitz ihrer Wohnung fing es an.

20 In den Wochen nach der Sendung rotteten sich Dutzende Jugendliche immer wieder vor dem Haus zusammen. Sie warfen Eier auf die Fassade, hundertfach. Sie traten die Haustür ein, zerknickten das Fallrohr der Regenrinne und zerschlugen ein Fenster. Tagelang stand die Familie unter Polizeischutz. Es hörte nicht auf.

25 Das ist die Wirklichkeit, die das Reality-TV dann nicht mehr zeigt. Die Realität, die nicht mehr beherrschbar ist – zu hässlich selbst für RTL II. »Wir fanden ›Frauentausch‹ immer lustig«, sagt Yvonne Leps, »und wollten einfach mal sehen, wie das so gemacht wird.« Jetzt wissen sie es. Willkommen in der Wirklichkeit!

30 Das Sozial-Spanner-TV ist ein hartes Geschäft geworden. Mehr als 60 solcher Sendungen gibt es bereits jede Woche im deutschen Fernsehen. Fast wö-

chentlich kommt eine neue dazu. Die Formate sind billig zu produzieren, die Quoten okay bis brillant. Tag für Tag werden so im deutschen 35 Fernsehen Schuldner beraten, Kinder erzogen, Häuser umgebaut, Schwiegertöchter gesucht und Frauen getauscht. Es werden Süchtige therapiert, Ehen oder Restaurants gerettet, Nachbarschaftskräche geschlichtet, Straßenkinder 40 aufgelesen und Schulabschlüsse nachgemacht.

Es gibt etablierte Formate [...]. Dann gibt es den Trash, der im Konkurrenzkampf um Zuschauer nur mithalten kann, wenn die Fälle immer absurder werden, die Protagonisten immer verzweifelter, die Streitigkeiten immer schärfer. Und wenn auch die Realität nicht mehr genug hergibt, dann wird ihr 45 neuerdings noch nachgeholfen mit inszenierter »Wirklichkeit« nach Drehbuch und mit Schauspielern. [...]

»Scripted Reality« heißt die Lüge im TV-Jargon: Pseudowirklichkeit nach Drehbuch, aufgetischt von Laiendarstellern. Auch so kann eine Antwort auf die mühselige Suche nach Wirklichkeit und wirklichen Menschen aussehen: 50 Man denkt sie sich aus. [...]

Auch neun Monate nach ihrem »Frauentausch«-Debakel ist der Albtraum für das Ehepaar nicht vorbei.

Ehemalige Freunde meiden die Familie. Frühere Bekannte aus dem Dartclub machten ihr klar, dass sie nicht mehr erwünscht sei. Die Vermieterin 55 kündigte ihr die Wohnung. Vor ein paar Wochen zogen die Leps schließlich weg aus Zerbst. Es ist ein erzwungener Neuanfang. »Zum ersten Mal seit Monaten kann ich nachts ohne Angst schlafen«, sagt Christian Leps. Mit dem Fernsehen ist er »durch«. [...]

2 Fasse zusammen, wie sich das Leben der Familie nach der Ausstrahlung der Sendung verändert hat.

3 Sammelt Gründe, warum sich Menschen gerne solche Fernsehformate ansehen.

4 Stelle eine Doku-Soap vor, die du gerne und regelmäßig siehst. Begründe, was dich an ihr besonders interessiert.

Orwell schrieb 1948 die düstere Zukunftsvision eines totalitären Staates, in dem alle Bewohner ständiger Überwachung ausgesetzt sind. Über so genannte Teleschirme in den Wohnungen werden Nachrichten übermittelt und die Menschen auch privat beobachtet.

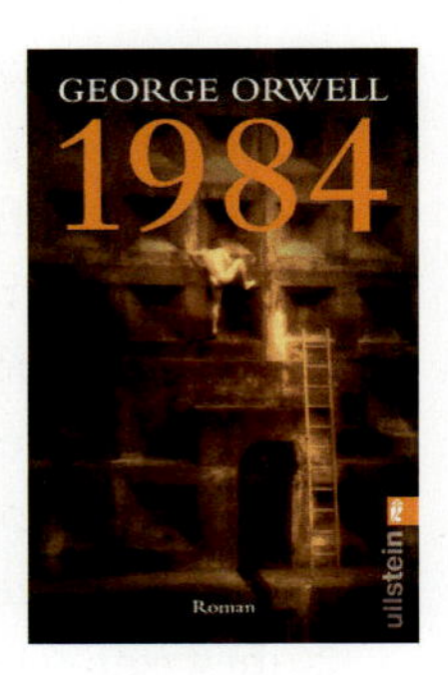

1 Lies den Textauszug und beschreibe deinen Eindruck von der dargestellten Welt.

George Orwell

1984

Die Stimme vom Teleschirm verstummte. Ein Trompetensignal durchschnitt rein und eindrucksvoll die abgestandene Luft. Die Stimme krächzte wieder los:

»Achtung! Wir bitten um Ihre Aufmerksamkeit! Soeben erreicht uns ein
5 Sonderbericht von der Malabar-Front. Unsere Streitkräfte in Südindien haben einen glorreichen Sieg errungen. Ich bin zu der Meldung bevollmächtigt, dass durch diese militärische Operation das Ende des Krieges in greifbare Nähe gerückt sein dürfte. Und jetzt der Sonderbericht – «

Das dicke Ende kommt noch, dachte Winston. Und in der Tat folgte auf
10 eine blutrünstige Schilderung der völligen Vernichtung einer eurasischen Armee, bei der horrende Zahlen von Toten und Gefangenen genannt wurden, die Ankündigung, dass ab nächster Woche die Schokoladenration von dreißig auf zwanzig Gramm gekürzt werden würde. […]

Der Teleschirm schmetterte – sei es, um den Sieg zu feiern, sei es, um die Er-
15 innerung an die Schokoladenkürzung zu überdecken – »Ozeanien[1], Dir allein.«

Es wurde von einem erwartet, dass man dazu die Habtachtstellung einnahm. Doch auf seinem derzeitigen Platz war Winston unsichtbar.

»Ozeanien, Dir allein« wich leichterer Musik.

20 Winston trat ans Fenster und kehrte dem Teleschirm weiterhin den Rücken. Der Tag war noch immer kalt und klar. Irgendwo in der Ferne detonierte eine Raketenbombe mit dumpf donnerndem Nachhall. Zurzeit fielen pro Woche rund zwanzig bis dreißig Stück auf London. […]

1 In Orwells Welt gibt es nur noch drei große Staaten: Ozeanien, Eurasien und Ostasien.

In seiner Kindheit hatten in London selbst monatelange wirre Straßenkämpfe getobt, und an einige davon erinnerte er sich noch sehr deutlich. Aber der geschichtlichen Entwicklung dieser ganzen Epoche nachzuspüren, anzugeben, wer wann wen bekämpfte, wäre absolut unmöglich gewesen, weil es keine schriftliche Aufzeichnung, keine mündliche Überlieferung gab, die jemals eine andere Konstellation erwähnte als die gegenwärtig aktuelle. Im Augenblick beispielsweise, im Jahr 1984 (wenn man tatsächlich 1984 schrieb), führte Ozeanien gegen Eurasien Krieg und war mit Ostasien verbündet. In keiner öffentlichen oder privaten Äußerung wurde jemals zugegeben, dass die drei Mächte irgendwann einmal anders gruppiert gewesen waren. Dabei wusste Winston ganz genau, dass es erst vier Jahre zurücklag, dass Ozeanien gegen Ostasien Krieg geführt und sich mit Eurasien verbündet hatte. Aber das war bloß ein heimliches Wissen, das er auch nur zufällig besaß, weil seine Erinnerung keiner ausreichenden Kontrolle unterlag. Offiziell hatte der Seitenwechsel nie stattgefunden. Ozeanien führte Krieg gegen Eurasien: Also hatte Ozeanien immer gegen Eurasien Krieg geführt. [...]

Die Partei sagte, dass Ozeanien sich nie mit Eurasien verbündet hatte. Er, Winston Smith, wusste, dass Ozeanien vor noch nicht einmal vier Jahren mit Eurasien verbündet gewesen war.

Aber wo existierte dieses Wissen? Nur in seinem eigenen Bewusstsein, das ohnehin bald ausgelöscht werden würde. Und wenn alle anderen die von der Partei oktroyierte[2] Lüge akzeptierten – wenn alle Berichte gleich lauteten –, dann ging die Lüge in die Geschichte ein und wurde Wahrheit.

»Wer die Vergangenheit kontrolliert«, lautete die Parteiparole, »kontrolliert die Zukunft, wer die Gegenwart kontrolliert, kontrolliert die Vergangenheit.«

2 Erläutert die Bedeutung der Parteiparole (Z. 47–48).

3 Lies den nächsten Auszug und beschreibe, worin Winstons Arbeit besteht.

Winston schaltete den Teleschirm auf »Alte Nummern« und orderte die entsprechenden Ausgaben der *Times*, die bereits nach wenigen Augenblicken aus der Rohrpost glitten. Die Weisungen, die er erhalten hatte, bezogen sich auf Artikel oder Nachrichtenmeldungen, die aus diesem oder jenem Grund geändert oder, wie die offizielle Wendung lautete, richtiggestellt werden sollten. So ließ sich z. B. der *Times* vom 17. März entnehmen, dass der Große

2 aufgezwungen

Bruder in seiner Rede vom Vortag prophezeit hatte, es werde an der Südindien-Front ruhig bleiben, in Nordafrika aber in Kürze eine eurasische Offensive erfolgen. Nun hatte jedoch das eurasische Oberkommando seine Offensive in Südindien gestartet und Afrika unbehelligt gelassen. Deswegen musste ein
60 Absatz in der Rede des Großen Bruders so umgeschrieben werden, dass er das tatsächliche Geschehen voraussagte.

Die Times vom 19. Dezember hatte offizielle Prognosen für die Produktion verschiedener Konsumgüter im vierten Quartal von 1983 publiziert, das gleichzeitig auch das sechste Quartal des IX. Dreijahresplans war. Die heutige
65 Ausgabe brachte eine Aufstellung der tatsächlichen Produktion, aus der hervorging, dass die Prognosen für alle Sparten krass danebenlagen. Winstons Job bestand darin, die ursprünglichen Zahlen so richtigzustellen, dass sie mit den späteren übereinstimmten. Die dritte Weisung bezog sich auf einen schlichten Irrtum, der in ein paar Minuten in Ordnung gebracht werden
70 konnte.

Noch im Februar hatte das Ministerium für Überfülle eine Versicherung abgegeben (ein »kategorisches Versprechen«, wie es im offiziellen Wortlaut hieß), dass es im Jahr 1984 zu keiner Kürzung der Schokoladenration kommen werde. [...] Man brauchte nur die ursprüngliche Versicherung durch den
75 Hinweis zu ersetzen, dass es wahrscheinlich nötig sein würde, irgendwann im April die Ration zu kürzen.

4 Diskutiert, ob Orwells Vision in unserer Zukunft wahr werden könnte.

Rosa Alcantara wächst mit ihrer älteren Schwester Zoe und der Mutter in armen Verhältnissen in Brooklyn auf. Der Vater stammt aus einer Mafiafamilie in Sizilien und ist, so wird erzählt, verstorben. Die Mutter meidet die sizilianische Verwandtschaft, Zoe jedoch lebt seit zwei Jahren auf Sizilien und hat sich mit den Geschäften der Mafia arrangiert. Als Rosa ein Schicksalsschlag trifft, reist sie zu ihrer Schwester. Der Roman beginnt mit Rosas Flug nach Sizilien.

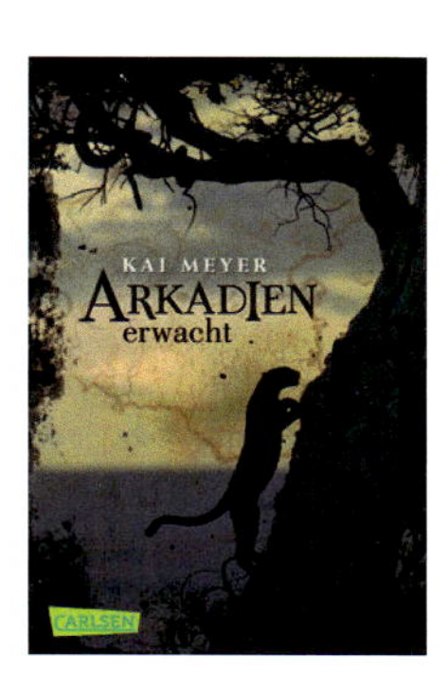

1 Lies den folgenden Textauszug und fasse den Ablauf der Handlung zusammen.

Kai Meyer

Arkadien erwacht

Über dem Atlantik weckte sie die Stille. Sie kauerte mit angezogenen Knien auf ihrem Sitz, verbogen und verdreht von fünf Stunden Enge. Die Fenster des Flugzeugs waren verdunkelt, die meisten Passagiere schliefen unter grauen Decken.

5 Keine Stimmen, keine Laute. Sie brauchte einen Moment, ehe sie den Grund erkannte.

Ihr Kopfhörer schwieg.

Ein Blick aufs Display ihres iPods: Alles gelöscht, mehrere Wochen Musik mit einem Schlag verschwunden. Nur ein einziges Genre war noch da, ein ein-
10 ziger Interpret, ein einziges Lied. Eines, das sie nie zuvor gehört und sicher nicht selbst aufgespielt hatte. Sie klickte sich noch einmal durch das Menü.

Andere.

Scott Walker.

My Death.

15 Sonst nichts. Alles weg.

Leere passte gut zum Neubeginn ihres Lebens.

Sie lehnte sich zurück, schloss die Augen und hörte *My Death* als Endlosschleife, die nächsten drei Stunden bis zur Landung in Rom.

Am Flughafen Fiumicino erfuhr Rosa, dass ihr Anschlussflug nach Palermo
20 wegen eines Lotsenstreiks ausfiel. Die nächste Maschine ging in fünfeinhalb Stunden. Sie war hundemüde und *My Death* rotierte in ihrem Kopf nun auch ohne Ohrstöpsel.

Während der Wartezeit musste sie den Terminal wechseln. Mit ihrem Handgepäck stand sie schläfrig auf einem endlosen Laufband. Draußen war es
25 noch dunkel, sechs Uhr am Morgen, und das hell erleuchtete Innere des Korridors spiegelte sich in riesigen Fensterscheiben. Rosa sah sich selbst auf dem Band, das lange blonde Hexenhaar zerzaust wie immer, ganz in Schwarz gekleidet, und die Schatten um ihre eisblauen Augen so dunkel, als hätte sie zu viel Kajal benutzt. Tatsächlich war sie ungeschminkt. [...]

30 Das Trägertop betonte ihre puppenhafte Gestalt. Zu klein und zu schmal für ihre siebzehn Jahre. Aber jetzt sah sie eine Familie hinter sich auf dem Band, mit dicken Kindern und dicken Lunchpaketen, und sie war froh, dass sie dünn und appetitlos und *eben anders* und *so schwierig* auf die Welt gekommen war.

35 Eine Schwangere stand vor ihr, Rosa hielt Abstand, ohne der Gruppe hinter ihr zu nahe zu kommen. Im Flugzeug hatte sie trotz aller Enge ihren eigenen Sitzplatz gehabt, um den sie in Gedanken einen Käfig gebaut hatte. Ihre kleine Welt am Fenster. Aber hier am Boden war alles in Bewegung, zu viele Menschen, zu großes Durcheinander, um klare Grenzen zu ziehen. Sie steckte wie-
40 der die Stöpsel ins Ohr. [...]

Das Lied hätte nicht *My Death* heißen müssen, um sie auf solche Gedanken zu bringen. Es war etwas im aufgepeitschten Drama der Musik, im Klang der tiefdunklen Männerstimme. Todessehnsucht mit einem Beigeschmack von eis-
45 gekühlten Martinis.

My death waits like
A bible truth
At the funeral of my youth
Weep loud for that
50 *And the passing time.*

[...] Bei der Kontrolle am Gate sprach eine Stewardess sie an. Norditalienerin, dem Dialekt nach.

»Rosa Alcantara?» Die Frau war zu stark geschminkt und sah aus, als würde
55 sie sich nach einer Notlandung als Erste in Sicherheit bringen, um ihr Deo aufzufrischen.

Rosa nickte. »Das ist der Name, der da draufsteht, oder?«

Die Stewardess blickte auf das Ticket, tippte etwas in einen Computer und sah Rosa mit gerunzelter Stirn an.

60 »Ich war's nicht«, sagte Rosa.

Die Runzeln vertieften sich.

»Die Granaten in meinem Koffer. Muss mir einer untergeschoben haben.«

»Nicht witzig.«

Rosa zuckte gleichgültig die Achseln.

65 »Wir haben Sie ausrufen lassen. Über Lautsprecher.«

»Ich hab geschlafen.«

Die Stewardess schien zu überlegen, ob Rosa wohl Drogen nahm. Hinter ihr in der Schlange plärrte ein Kind. Jemand murrte ungeduldig. Eine zweite Flugbegleiterin schleuste die übrigen Passagiere an Rosa vorbei. Alle starrten 70 sie an, als hätte man sie bei dem Versuch ertappt, die Maschine zu kapern.

»Also«, fragte Rosa.

»Ihr Koffer – «

»Ich sag's doch.«

»– ist versehentlich beschädigt worden. Beim Transport. Schwer beschä-75 digt.«

Rosa blinzelte. »Kann ich Ihren Laden dafür verklagen?«

»Nein. Das steht in den Geschäftsbedingungen.«

»Ich komme also ohne saubere Sachen in Sizilien an?« Und ohne Musik. Nur mit *My Death.*

80 »Die Gesellschaft bedauert den Verlust – «

So siehst du aus.

»– und er wird Ihnen selbstverständlich erstattet.«

»Ich hatte wahnsinnig teure Klamotten.« Sie strich über das alte Kleid ihrer Schwester, das sie seit zwei Jahren auftrug.

85 Die Stewardess verzog den Mund, ihr Kinn verschrumpelte. Es sah aus wie ein Pfirsichkern.

»Wir haben Experten, die das feststellen können.« Und fast genüsslich fügte sie hinzu: »Anhand der Überreste.«

Sie händigte Rosa ein Formular aus. »Rufen Sie die Nummer an, die darauf-90 steht, dann wird man Ihnen weiterhelfen. Unten können Sie Angaben zum Inhalt des Gepäckstücks machen.« [...]

Als die Frau ihr die Bordkarte zurückgab, streiften Rosas Finger ihr Handgelenk. »Danke.«

Unten im Bus, eingezwängt zwischen anderen Passagieren, öffnete sie die 95 Hand. Darin lag ein goldener Armreif. Rosa steckte ihn einer Japanerin in die Jackentasche und schob sich die Stöpsel ins Ohr.

Sie waren eine Dreiviertelstunde in der Luft, als der Mann neben ihr den Rufknopf für das Bordpersonal betätigte.

Überraschung, Überraschung, dachte Rosa, als die Stewardess vom Gate auf
100 dem Gang erschien.

»Die Signorina weigert sich, die Jalousie vor dem Fenster zu öffnen«, sagte er. »Ich möchte die Wolken sehen.«

»Und sich dabei über mich beugen«, bemerkte Rosa, »und in meinen Ausschnitt glotzen.«

105 »Das ist lächerlich!« Der Mann sah sie nicht an.

Der Blick der Stewardess streifte zweifelnd ihr schwarzes Top.

»Das wird noch«, sagte Rosa beruhigend, »keine Sorge.«

»Ich will doch nur die Wolken sehen«, wiederholte der Mann.

»Mein Fensterplatz, meine Jalousie.«

110 »Irrtum. Das Fenster gehört nicht zu Ihrem Platz.«

»Und die Wolken nicht zum Unterhaltungsprogramm.«

Der Mann wollte sich aufplustern, aber die Stewardess lächelte weiter mit dem Liebreiz einer Schaufensterpuppe. »Zwei Reihen weiter vorn ist ein Platz am Fenster frei. Den kann ich Ihnen anbieten. In ein paar Minuten bringe ich
115 Ihnen einen Sekt vorbei. Bitte entschuldigen Sie die Unannehmlichkeiten.«

Der Mann öffnete unwirsch seinen Gurt und zwängte sich mit leisen Beschimpfungen hinaus auf den Gang.

»Wir Frauen müssen zusammenhalten«, sagte Rosa.

Die Stewardess schaute sich um, glitt auf den frei gewordenen Sitz und
120 senkte die Stimme. »Hör zu, Kindchen. Ich kenne solche wie dich … Gib mir meinen Armreif.«

»Welchen Armreif?«

»Den du mir gestohlen hast. Die Frau in der letzten Reihe hat dich beobachtet.«

125 Rosa erhob sich halb und blickte über die Schulter. »Die mit den Diamantohrringen?«

»Gib ihn mir und wir vergessen das Ganze.«

Rosa sank zurück auf den Sitz. »Wenn diese Frau Ihre Tochter beschuldigen würde, irgendwelche Klunker gestohlen zu haben, würden Sie das dann glau-
130 ben?«

»Versuch nicht – «

»Warum tun Sie's dann bei mir?«

Die Stewardess funkelte sie wütend an, schwieg einen Augenblick, dann erhob sie sich. »Ich melde das dem Kapitän. Bei der Landung in Palermo werden
135 die Carabinieri auf dich warten.«

Rosa wollte etwas erwidern, aber eine Stimme aus der Reihe vor ihr war schneller: »Das glaub ich kaum.«

Rosa und die Stewardess wandten gleichzeitig die Köpfe. Ein Junge in Rosas Alter blickte über die Rückenlehne und schenkte ihnen einen ernsten Blick.
140 »Ich hab einen Armreif am Gate liegen sehen. Auf dem Boden, gleich da, wo Sie gestanden haben.«

Rosa lächelte die Stewardess an. »Sag ich doch.«

»Kommt schon, das ist – «

»Aussage gegen Aussage.« Er rieb sich den Nasenrücken. »Und was die Poli-
145 zei angeht – so einfach ist das nicht. Der Kapitän wird Sie darüber belehren. Übrigens wartet der Mann in der Reihe vor mir auf seinen Sekt.«

Die Stewardess machte den Mund auf und zu wie ein Fisch, stand mit einem Ruck auf und ging.

Er schien die Frau im selben Moment zu vergessen und sah Rosa neugierig
150 an. Abwartend.

»Warum kümmerst du dich nicht um deinen Scheiß?«, fragte sie freundlich.

2 Tragt alle Informationen über Rosa in einem Steckbrief zusammen. Achtet dabei sowohl auf die äußere Handlung als auch auf Rosas Gefühle und Gedanken.

3 »Leere passte gut zum Neubeginn ihres Lebens«, heißt es in Zeile 16 über Rosa. Erläutere diesen Satz im Zusammenhang mit der Leere ihres iPods und mit der sie umgebenden Wirklichkeit.

4 Der Buch-Verlag hat eine Facebook-Seite zu Rosa Alcantara eingerichtet. Seht sie euch an und diskutiert, ob eine literarische Figur Teil eines sozialen Netzwerks sein sollte.

Fachübergreifendes

Soziale Netzwerke

Das Internet ist seit einigen Jahren zu einem »Mitmachmedium« geworden. Jeder kann und darf Inhalte veröffentlichen, sich im Internet mit Bildern und Videos präsentieren und Bücher oder Filme besprechen. Menschen scheinen zudem das Bedürfnis nach Gemeinschaft zu haben. Während sie früher im Sportverein oder im Chor aktiv waren, so treffen sie sich heute im Internet und gründen so genannte digitale Gemeinschaften (Communitys). Die bekanntesten sind sicherlich Facebook, StudiVZ und SchülerVZ. In diesen Netzwerken kommunizieren Freunde untereinander, Gleichgesinnte tauschen sich über Interessen und Hobbys aus, man kann nach alten Freunden suchen und neue Kontakte knüpfen.

Auf einer Plattform können User (Nutzer) ein eigenes Profil erstellen und persönliche Angaben zu Hobbys, Interessen, aber auch Geschlecht, Alter, Lebenssituation, Familienstand usw. machen. Die Kommunikation erfolgt per E-Mail oder Chat.

Um die Angebote der sozialen Netzwerke zu nutzen, muss man jedoch häufig viele private Dinge preisgeben. Dabei läuft man Gefahr, zu viel zu verraten und plötzlich unerwünschte Kontakte oder Werbung zu bekommen. Wichtig ist daher, bewusst Sicherheitseinstellungen vorzunehmen, um zu entscheiden, was andere sehen dürfen und was nicht. Auch bei der Auswahl von Fotos, die man selbst oder Freunde ins Netz stellen, ist Vorsicht geboten.

1 Lies den Text und notiere Vorteile und Risiken sozialer Netzwerke.

2 Bist du auch Mitglied einer Community? Falls ja, nenne deine Gründe und beschreibe, was du dort machst. Falls nein, begründe deine Ablehnung.

3 Stelle dir vor, du bewirbst dich um eine Ausbildungsstelle und der Ausbildungsbetrieb sucht im Internet nach Informationen über dich. Überlege, welche Informationen über dich im Internet unangenehm werden könnten.

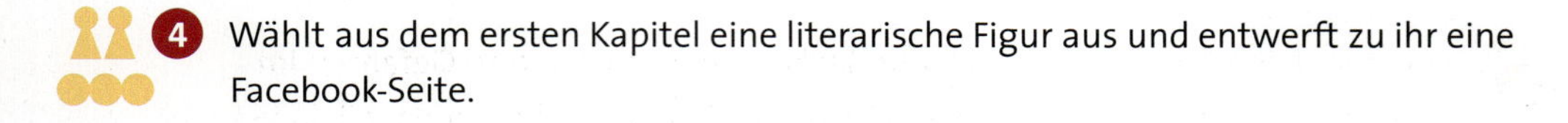

4 Wählt aus dem ersten Kapitel eine literarische Figur aus und entwerft zu ihr eine Facebook-Seite.

Wie schütze ich mich im Internet?

Bei einer Befragung gaben 1188 Jugendliche im Alter von 12 bis 19 Jahren an, wie sie sich vor Gefahren im Internet schützen.

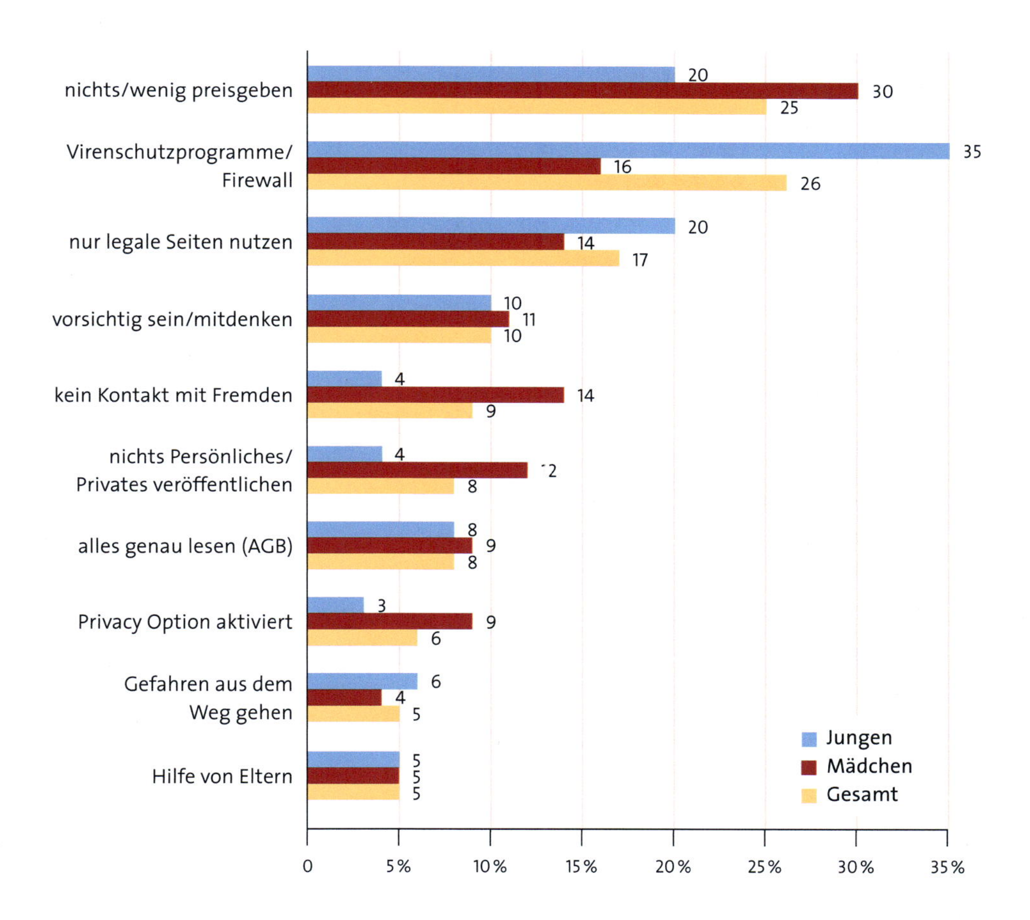

1 Erläutere anhand der Statistik, wie sich Jugendliche vor Gefahren im Internet schützen.

2 Zeigt die Unterschiede zwischen Mädchen und Jungen auf. Überlegt, woran das liegen könnte.

3 Führe in deinem Familien- und Freundeskreis eine Umfrage zu Gefahren im Internet durch. Unterscheide ebenfalls zwischen männlichen und weiblichen Nutzern. Werte die Ergebnisse aus und stelle sie übersichtlich dar.

Andreas Kopietz

Wie ich Stalins Badezimmer erschuf

Liebe Internetgemeinde! Ich entschuldige mich. Ich habe das Heiligtum der Weisheit beschmutzt, das Wissen der Vielen, die Schwarmintelligenz in die falsche Richtung gelenkt. Ich habe Wikipedia gefälscht.

Eigentlich hatte ich mich nur über jene Besserwisser erregt, die zu wissen glauben, wie der Volksmund redet. Ich kenne keinen Berliner, der den Fernsehturm jemals als »Telespargel« bezeichnet hat, die Kongresshalle als »schwangere Auster« betitelte, das Bundeskanzleramt als »Bundeswaschmaschine« oder die Glaskuppel des Reichstags als »Eierwärmer«. Gut möglich, dass der Volksmund wirklich einige Berolinismen prägte – »Goldelse« etwa. Aber die meisten sind wohl erfunden – von Journalisten, Tourismusagenten oder sonst wem. Jedenfalls nicht vom gemeinen Berliner.

Ganz langsam reifte in mir der Gedanke, selbst einmal Volksmund zu sein. Am Abend des 16. Februar 2009 klappte ich den Laptop auf. Das Fernsehprogramm war langweilig, ich trank schon das zweite Glas Rotwein. Kurz nach 21 Uhr klickte ich Wikipedia an, um der Karl-Marx-Allee in Berlin-Friedrichshain einen neuen Namen zu geben. Ich schrieb den Satz: »Wegen der charakteristischen Keramikfliesen wurde die Straße zu DDR-Zeiten im Volksmund auch ›Stalins Badezimmer‹ genannt.« Als ich darüber nachdachte, dass diesen Unsinn niemand für wahr halten würde, hatte ich um 21:13 Uhr mein Weinglas schon versehentlich auf die Enter-Taste gestellt.

Nun kann bei Wikipedia nicht jeder alles verbreiten, was der Grund dafür ist, dass auch ich mitunter Wikipedia zum Nachschlagen genutzt habe. Eine Schar ehrenamtlicher Mitarbeiter prüft die Einträge der Nutzer vor Veröffentlichung auf Plausibilität. Ein Wikipedianer aus Wölfersheim in Hessen befand meine Version kurze Zeit später für richtig – und damit bekam der Volksmund einen neuen Begriff: »Stalins Badezimmer«. Zu den Ersten, die den Begriff übernahmen, gehörte die Seite DBpedia.org, die in Wikipedia gezielt nach bestimmten Einträgen sucht. Es folgten eine Seite für Badezimmer-

35 Planung und mehrere Touristikunternehmen, die den Wikipedia-Inhalt übernahmen. [...] Sogar im Handwerkerverzeichnis, das Bezug zur Karl-Marx-Allee nimmt, findet sich Stalins Badezimmer wieder. 2009 stellte eine Frau eine Hauptseminararbeit ins Netz, die von der Utopie sozialistischer Architektur handelt. Die Arbeit verkauft sie auch als Buch für 5,99 Euro. Müßig zu erwäh-
40 nen, welcher Begriff hier wissenschaftlich fundiert genannt ist. [...]

Für gut befunden wurde mein Begriff auch vom Projekt wiki-watch, das von der Europa-Universität Viadrina Frankfurt (Oder) unterhalten wird. Es will dem Nutzer helfen, die Zuverlässigkeit eines Wikipedia-Artikels einzuschätzen. Zur schnelleren Orientierung verleiht der Webdienst Sterne. Stalins
45 Badezimmer erhielt immerhin vier von fünf Sternen sowie den Titel »Zuverlässige Quelle«. [...]

Nicht einer gab bisher das Internet-Lexikon Wikipedia als Quelle an, und ich war erstaunt über die ungeahnte Karriere meiner Erfindung. [...] Am 1. März dieses Jahres war es dann eine Autorin der Berliner Morgenpost, die
50 herausbekam: »Zu DDR-Zeiten hatte der Boulevard mit den sozialistischen Prachtbauten ... einen anderen Spitznamen: ›Stalins Badezimmer‹ hieß die Straße im Volksmund – wegen der Keramikfliesen.« Nur ein paar Tage zuvor war auch in der Berliner Zeitung zu lesen, dass die DDR-Hauptstädter die Allee auch »Stalins Badezimmer« genannt hätten. Darüber beschwerte sich
55 am 1. März 2011 Leser Peter Jäger in einem Brief an diese Zeitung: »Ich lebe übrigens seit vielen Jahren in Berlin. Dass die Karl-Marx-Allee ... von den Bürgern als Stalins Badezimmer bezeichnet wurde, ist mir neu.« Herr Jäger ist bislang der Einzige, der diese Information nicht ungeprüft übernahm.

Weil ich ein schlechtes Gewissen bekam, löschte ich am 17. März um
60 17:51 Uhr Stalins Badezimmer wieder aus Wikipedia. Um 20:13 Uhr machte ein ehrenamtlicher Wikipedianer, der nach eigener Darstellung auf Berliner Stadtteile und Stadtgeschichte spezialisiert ist, meine Änderung rückgängig. Und seitdem ist es die Wahrheit, dass die Karl-Marx-Allee zu DDR-Zeiten im Volksmund Stalins Badezimmer genannt wurde.

Berliner Zeitung vom 24. 03. 2011

1 Fasse den Text mit eigenen Worten zusammen.

2 Erläutere den Begriff *Berolinismen*.

3 Diskutiert, wie der Artikel mit dem Kapitelthema »Medien und Wirklichkeit« zusammenhängt.

Informationen im Internet beschaffen und bewerten

Dank der technischen Entwicklung der letzten Jahre besitzen wir eine Fülle an Möglichkeiten, uns Wissen anzueignen. In der Welt des Internets stehen uns unzählige Informationen zur Verfügung, die wir oft nicht erfassen können oder aber sie unkritisch aufgreifen und weitererzählen. Folgende Tipps helfen dir, gezielt nach Informationen zu suchen und diese zu prüfen:

Verwendbare Informationen suchen
- Suchbegriff korrekt schreiben
- Suche verfeinern und weitere Schlüsselwörter zum Thema eingeben
- sich auf Seiten konzentrieren, die eine übersichtliche Aufbereitung der Informationen versprechen
- Texte und Übersichten überfliegen, um einen Eindruck von ihrer Verständlichkeit zu erhalten
- eine zweite Seite suchen, um ergänzende Informationen zu finden bzw. eventuelle Widersprüchlichkeiten aufzudecken

Gefundene Informationen prüfen
- Quellenangaben (Autorin/Autor und Erscheinungsort) suchen
- Art und Herkunft der Internetseite bewerten (Impressum, private oder offizielle Seite, Beiträge im Diskussionsforum)
- Glaubwürdigkeit der Seite einschätzen (letzte Aktualisierung, Vorherrschen subjektiver Meinungen oder objektiver Tatsachen, Überprüfbarkeit der Fakten durch Verweis auf Quellen)

1. Stelle eine Liste von Internetseiten zusammen, auf denen du Informationen zum Thema »Bildmanipulation« erhältst.

2. Wertet eure Suche aus, indem ihr eure Listen gegenseitig nach Kriterien wie Fülle und Verständlichkeit der Informationen sowie Angabe und Glaubwürdigkeit von Quellen bewertet.

3. Informiere dich über die Sicherheitsregeln der Internetseite *Wikipedia*.

Kapitel 3
Liebeslyrik

Marc Chagall:
Die Verliebten, 1950

Du bist vom selben Stern.
Ich kann deinen Herzschlag hör'n.
Du bist vom selben Stern wie ich,
Weil dich die gleiche Stimme lenkt
und du am gleichen Faden hängst.
Weil du dasselbe denkst wie ich.

Ich + Ich

Mir fehlen die Worte
Ich hab die Worte nicht
Dir zu sagen, was ich fühle
Ich bin ohne Worte
Ich finde die Worte nicht
Ich hab keine Worte für dich

Tim Bendzko

1. Die beiden Texte sind den Liedern »Vom selben Stern« und »Wenn Worte meine Sprache wären« entnommen. Notiere zu jedem Textauszug, was er aussagt und welche Gefühle er in dir auslöst.

2. Vergleicht eure Notizen und überlegt, warum es möglich sein kann, dass die Textstellen auf den Einzelnen unterschiedlich wirken.

3. Lies einige der Gedichte auf den folgenden Seiten und wähle Textstellen aus, die dir besonders gefallen. Stelle sie der Klasse vor.

1 Lies den Liedtext und stelle zusammen, was das weibliche Ich über sich sagt. Unterscheide zwischen der Vergangenheit und der Gegenwart.

Annett Louisan

Das große Erwachen

ich tat sehr viel Stoff in mein Dekolleté
pflegte meine Haut und mein Renommee[1]
ich hab' mich benommen, so als hätt' ich Stil
noch ein Schlückchen Sekt? ach bitte nicht so viel!
5 ich hab' mich bemalt, damit du mich siehst
ich hab' mich geaalt wie ein kleines Biest
ich war die blonde Elfe mit gesenktem Blick
doch das war nur ein Trick, damit ich dich krieg'

und jetzt möchte ich, dass du mich liebst
10 ganz genau so, wie ich wirklich bin
und mir all meine albernen Macken vergibst
meine Fehler, jetzt verdammt, nimm sie hin!

1 guter Ruf, Ansehen

hab' nicht viel gesagt, damit man dich hört
hab' nicht laut gelacht, nur falls es dich stört
15 du hast viel erzählt, ich tat int'ressiert
dabei hab' ich kaum was davon kapiert
ich hab' dich verführt, so als hätt' ich Lust
dabei ganz bewusst, nicht zu selbstbewusst
ich hab' mich verrenkt, unter deinem Zelt
20 und hab' so getan, als ob's mir gefällt

und jetzt möchte ich, dass du mich liebst ...

ich hab mich gefärbt, ich hab' mich gebräunt
ich hab' doof geguckt, immer schön verträumt
als einzige Lasche zwischen all den Schnallen
25 hab ich mich verstellt, um dir zu gefallen

und jetzt möchte ich, dass du mich liebst ...

2 Untersucht, welche lyrischen Gestaltungsmittel im Liedtext verwendet werden.

3 Hört euch die Liedfassung an. Achtet auf die musikalische Gestaltung und diskutiert, welche Wirkung die Sängerin damit erzielt.

Fettes Brot

Männer

Männer – ob blond, ob braun, ob henna
egal, ob du ein Manager bist oder ein Penner
es fehlt an Vertrauen zwischen uns und den Frauen
dort gibt es einen Bruch, aber keinen Hauptnenner
mancher Mann sagt, wenn er eine Frau sieht am Steuer
das sei ihm nicht geheuer und werde sicher teuer
doch da ist auch die Frau, die ihr Vorurteil pflegt
dass ich ein Macho bin, der sein Hirn in der Hose trägt
Gleichberechtigung heißt nicht gleich Berechtigung zur Ermächtigung
ich find, die sind gar nicht so schlecht
die Jungen, wie's dir vielleicht erscheint
ich hab auch schon mal geweint
ich bin dein Freund und nicht dein Feind
doch viele meinen, ein Mann sei ein Softie
wenn er ebensolches nimmt
weil ihn etwas traurig stimmt
erklimmt ein Mann nicht die Leiter der Karriere
das wäre eine schwere Schwächung seiner Ehre
Muck auf und spuck auf den gesellschaftlichen Druck
wenn du willst, dann bleib zu Hause, wie die Stubenfliege Puck
bis zum Alltag gehört, dass auch ein Mann schwanger wird
und eh man's kapiert, ist man emanzipiert als Mann
als ganzer Mann

ich bin ein Mann – ein ganzer Mann
25 bin ich ein Mann? – ein ganzer Mann
ich bin ein Mann – ein ganzer Mann

Mann und Frau, Frau und Mann, so viele ungeklärte Fragen
o Mann, wo fang ich an? Okay, ein Unterschied zwischen Er und Sie
ist deutlich zu erkennen in der Anatomie
30 doch darüber hinaus ist es schwer auszumachen
was sind Gerüchte und was sind Tatsachen
zum Beispiel wird mir immer wieder gerne erzählt
dass Frauen sensibler sind, weil Männern der Sinn dazu fehlt
Männer sind sexbesessen, Frauen weit davon entfernt
35 mh mh, Leute, ich hab's anders kennen gelernt
auch, dass man als Mann logischer denkt
kann ich nicht glauben, weil bei Logik sich mein Hirn aushängt
auch andere Klischees treffen oft nicht zu
doch trotzdem lässt mir dieses Thema keine Ruh
40 manchmal überlege ich, wie ist es denn jetzt eigentlich?
ist es alles Lüge oder worin unterscheid' ich mich?
sind wir wirklich gleich oder grundverschieden
verschiedene Gefühle oder gleich im Lieben?
ich kann es euch nicht sagen, doch wenn es jemand kann
45 sag es mir, denn ich bin König Boris und ein ganzer Mann
ein ganzer Mann

ich bin ein Mann – ein ganzer Mann ...

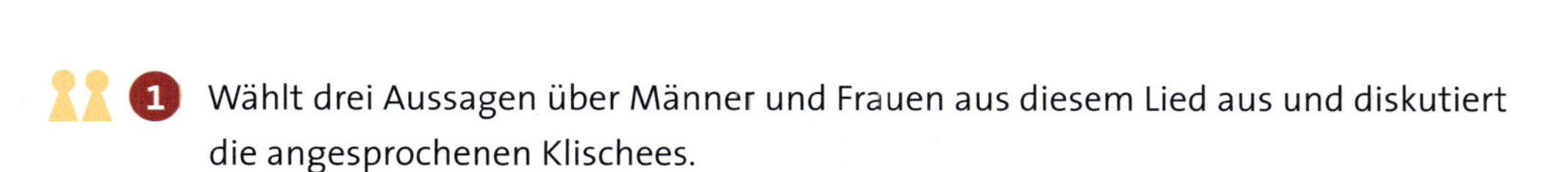

1 Wählt drei Aussagen über Männer und Frauen aus diesem Lied aus und diskutiert die angesprochenen Klischees.

2 Untersuche, welche Gestaltungsmittel eine besonders starke Wirkung auf den Leser haben. Achte besonders auf die verschiedenen Reimformen.

3 Hört euch die komplette Liedfassung von *Fettes Brot* an. Textet dann weitere Songzeilen, in denen es um Bilder von Männern und Frauen geht.

Slam-Poetry

Slam-Poetry, auch als Performance-Poesie bezeichnet, ist eine Form von Dichtung, die für eine lebendige, eindrucksvolle Präsentation vor einem Publikum geschrieben wird. Slam-Poeten verbinden Schreibkunst mit Vortragskunst. Sie tragen ihre Texte meist frei und wirkungsvoll den Zuschauern vor.

Die Themen der Slam-Poeten sind so vielfältig wie die Literatur. Alles ist möglich: Ernstes und Witziges, Kritisches und Komisches, Gedichte und Geschichten, Klassisches und Aktuelles, Poetisches über die Liebe oder ein Rap über das, was nervt.

Erfunden wurde diese Form von präsentierter Dichtung 1986 in Chicago von Marc Smith. Weil er herkömmliche Lesungen von Autoren langweilig fand, entwickelte er die Idee, dass der Vorstellung von Texten ebenso viel Beachtung geschenkt werden muss wie dem Schreiben. Sein wichtigstes Ziel war es, das Publikum für die vorgestellten Texte zu begeistern. Er nannte diese neue Form von Dichterlesung *Poetry-Slam*, was übersetzt so viel wie Dichterwettstreit heißt.

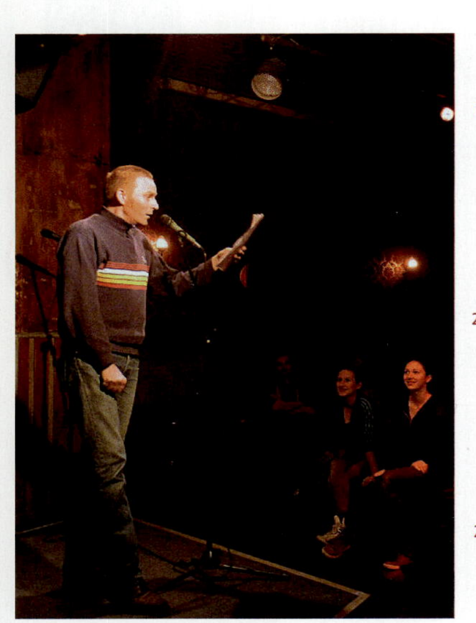

In Deutschland hat sich diese Art der Dichterlesung seit 1994 ausgebreitet. Ein wichtiger Unterschied zu herkömmlichen Lesungen besteht darin, dass die Teilnehmer ihre Texte in einer bestimmten Zeit vortragen müssen und sie im Wettbewerb zueinander stehen. Am Ende der Veranstaltung bestimmen die Zuschauer den Sieger. Deshalb fiebert das Publikum mit und die Slammer, so werden die Teilnehmer am Wettbewerb genannt, erhalten ein direktes Feedback.

1. Nenne die wichtigsten Merkmale von Slam-Poetry.
2. Diskutiert, warum diese Form von Schreiben und Präsentieren erfolgreich ist.
3. Erkundigt euch, wo in eurer Umgebung ein Poetry-Slam veranstaltet wird, und besucht ihn. Ihr könnt aber auch im Internet Videos von solchen Veranstaltungen finden.

Xóchil A. Schütz

gute mächte

dieser text zitiert dietrich bonhoeffer

weil ich weiß, dass ich wieder aufsteh'
und wieder meinen weg langgeh'
weil ich weiß, dass ich mich wieder frei&willig wegdreh'
weil ich weiß, dass ich dich wiederseh'
5 deswegen – kann ich mich immer dichter an dich legen
so verwegen macht mich mein vertrauen:
weil ich dich heute liebe, brauch' ich nicht auf die zukunft bauen

und weil ich weiß, dass du wieder aufstehst
und wieder deinen schönen weg begehst
10 weil ich die kraft und ruhe deiner seele kennen lerne
halt' ich dich gerne! halt' ich dich gerne, wenn du nähe suchst
halt' ich dich gerne, wenn du wegen schmerzen fluchst

und weil ich weiß, dass wir beide unsre schönen wege gehn
ist es okay, dass wir uns zwischendurch mal nicht verstehn
15 ist es okay, weil ich weiß, dass wir uns leiser wiedersehn

und weil ich weiß: ich kann mir selbst verzeihen und vertrauen
weil ich das weiß, kann ich mit so viel liebe
so viel güte, so viel freude auf dich schauen
und weil du weißt: ich werd' mich wieder glücklich an dich schmiegen
20 lässt du mich fliegen, lässt du mich auch alleine fliegen
[...]

ja, weil wir uns vertrauen
deswegen bauen wir auf heute und sind auch morgen
von guten mächten wunderbar geborgen

1. Untersuche, was das lyrische Ich über sich und die geliebte Person sagt.

2. Die Autorin dieses Gedichts ist selbst Slam-Poetin. Informiere dich über sie und trage das Gedicht anschließend wirkungsvoll im Stil der Slam-Poetry vor.

Gedichte analysieren

Ein Gedicht zu interpretieren bedeutet, seine Bedeutung zu erfassen und es auszulegen. Um dies leisten zu können, müssen zunächst Inhalt und Form analysiert werden. Wenn möglich, werden Textstellen markiert und Ergebnisse direkt neben dem Gedicht notiert, wie das folgende Beispiel zeigt.

Hugo von Hofmannsthal

Die Beiden

	Sie trug den Becher in der Hand –	a	Paarreim
	Ihr Kinn und Mund glich seinem Rand –,	a	
	So leicht und sicher war ihr Gang,	b	wiederkehrendes Motiv
	Kein Tropfen aus dem Becher sprang.	b	
5	So leicht und fest war seine Hand:	a	umarmender Reim
	Er ritt auf einem jungen Pferde,	c	
	Und mit nachlässiger Gebärde	c	Zeilensprung
	Erzwang er, dass es zitternd stand.	a	
	Jedoch, wenn er aus ihrer Hand	a	Kreuzreim
10	Den leichten Becher nehmen sollte,	d	Symbol
	So war es beiden allzu schwer:	e	
	Denn beide bebten sie so sehr,	e	Gegensatz zu *sicher* und *stark*
	Dass keine Hand die andre fand	a	
	Und dunkler Wein am Boden rollte.	d	

1 Schreibe in einem Satz auf, worum es in dem Gedicht geht.

2 Ein inhaltlicher Baustein, der in einem Gedicht mehrfach vorkommt, wird *Motiv* genannt. Ein bildhaftes Zeichen, das für eine Idee steht (z. B. ein Kreuz für den Glauben), bezeichnet man als *Symbol*. Erkläre ihre Verwendung in diesem Gedicht.

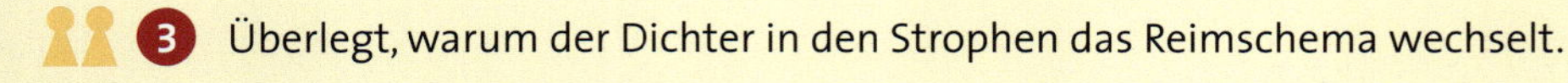

3 Überlegt, warum der Dichter in den Strophen das Reimschema wechselt.

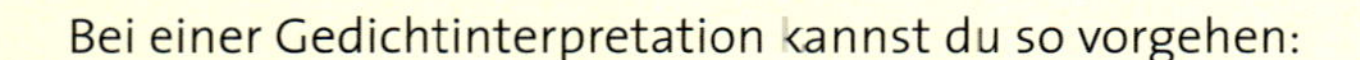

Bei einer Gedichtinterpretation kannst du so vorgehen:

1. In der Einleitung den Autor, den Titel und den Inhalt vorstellen

Das Gedicht „Die Beiden" von Hugo von Hofmannsthal ist ein Liebesgedicht. Es wird gezeigt, wie ein Mann und eine Frau aufeinandertreffen und dabei große Unsicherheit zeigen.

2. Die einzelnen Strophen in Bezug auf das Thema untersuchen und daraus Schlussfolgerungen ableiten

Die erste Strophe zeigt eine Frau, die mit sicheren und leichten Schritten geht und dabei einen Becher in einer Hand hält. Da sie „leicht und sicher" (Z. 3) läuft und nichts verschüttet, wirkt sie geschickt und selbstsicher. …

3. Die formale Gestaltung (Strophen, Verse, Reim) untersuchen und die Wirkung beschreiben

Das Gedicht besteht aus zwei Strophen mit vier Versen und zwei Strophen mit drei Versen. Auffällig ist, dass in den Strophen das Reimschema wechselt. …

4. Die sprachliche Gestaltung (Wortwahl, Stilmittel) untersuchen

In jeder Strophe kommt als Motiv das Wort „Hand" vor: Sowohl die Frau als auch der Mann haben sichere Hände, solange sie alleine sind. Jedoch geht diese Sicherheit bei beiden verloren, als …

5. Das Gedicht abschließend interpretieren, dabei auch auf den Titel eingehen und eine persönliche Stellungnahme zu seiner Bedeutung formulieren

Das Gedicht über die Begegnung zwischen einem Mann und einer Frau zeigt, dass auch selbstbewusste Menschen von ihren Gefühlen überwältigt werden. Sie werden plötzlich unsicher und …

4 Ergänze zu jedem Punkt weitere Analyseergebnisse und verfasse eine zusammenhängende Gedichtinterpretation.

Ulla Hahn

Bildlich gesprochen

Wär ich ein Baum ich wüchse
dir in die hohle Hand
und wärst du das Meer ich baute
dir weiße Burgen aus Sand.

5 Wärst du eine Blume ich grübe
dich mit allen Wurzeln aus
wär ich ein Feuer ich legte
in sanfte Asche dein Haus.

Wär ich eine Nixe ich saugte
10 dich auf den Grund hinab
und wärst du ein Stern ich knallte
dich vom Himmel ab.

1 Stelle zusammen, welche Möglichkeiten einer Beziehung im Gedicht bildhaft dargestellt werden.

2 Schreibe eine weitere Strophe nach demselben Muster. Überlege dir eine mögliche Liebesbeziehung und suche dafür passende Gegenstände und Handlungen.

3 Untersuche Inhalt und Form des Gedichts. Verfasse anhand der Ergebnisse eine Gedichtinterpretation. Orientiere dich an den Methodenseiten (S. 58–59).

Heinz Kahlau

Ermutigung

Wenn sich zwei in ihre Liebe schlagen
wie in Mäntel gegen Zeit und Wind
und nach nichts als nach sich selber fragen,
machen sie auch ihre Liebe blind.
Zeit und Wind wird ihren Kuss verwehn.

Eine Liebe lässt sich nur zu zweit ertragen,
wenn die Türen, die zur Welt gehn,
offen sind.

1 Formuliere mit eigenen Worten, worum es in dem Gedicht geht.

2 Erkläre die beiden Formen einer Liebesbeziehung, die im Gedicht vorgestellt werden.

3 Untersuche die Form und die sprachlichen Mittel des Gedichts.

4 Schreibe zu diesem Gedicht eine Interpretation. Orientiere dich an den Methodenseiten (S. 58–59).

1 Lies das folgende Gedicht und fasse den Inhalt jeder Strophe zusammen.

Johann Wolfgang von Goethe

Willkommen und Abschied

Es schlug mein Herz, geschwind zu Pferde!
Es war getan, fast eh gedacht;
Der Abend wiegte schon die Erde
Und an den Bergen hing die Nacht:
5 Schon stand im Nebelkleid die Eiche,
Ein aufgetürmter Riese, da,
Wo Finsternis aus dem Gesträuche
Mit hundert schwarzen Augen sah.

Der Mond von einem Wolkenhügel
10 Sah kläglich aus dem Duft hervor,
Die Winde schwangen leise Flügel,
Umsausten schauerlich mein Ohr;
Die Nacht schuf tausend Ungeheuer;
Doch frisch und fröhlich war mein Mut:
15 In meinen Adern, welches Feuer!
In meinem Herzen, welche Glut!

Dich sah ich, und die milde Freude
Floss von dem süßen Blick auf mich;
Ganz war mein Herz an deiner Seite
20 Und jeder Atemzug für dich.
Ein rosenfarbnes Frühlingswetter
Umgab das liebliche Gesicht,
Und Zärtlichkeit für mich – ihr Götter!
Ich hofft' es, ich verdient' es nicht!

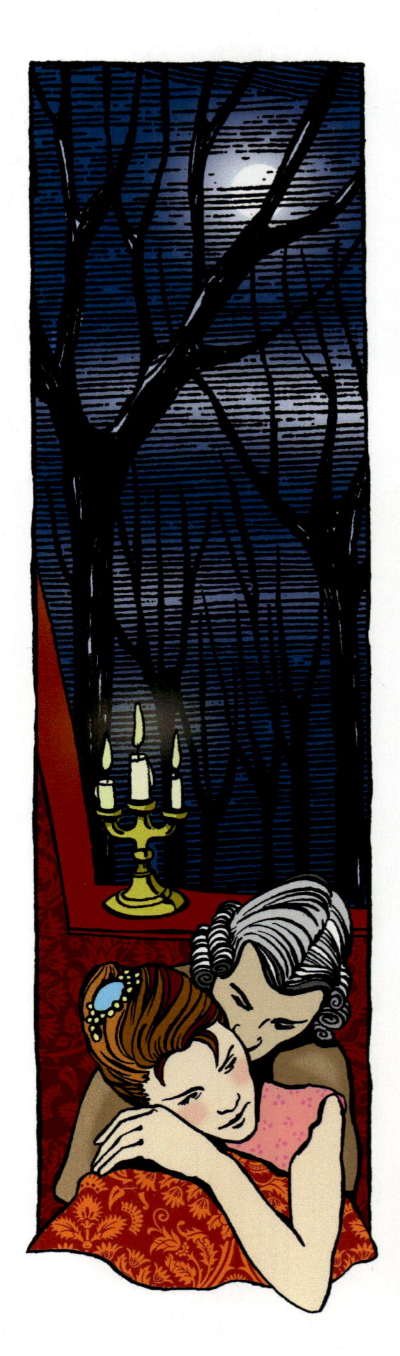

25 Doch ach, schon mit der Morgensonne
Verengt der Abschied mir das Herz:
In deinen Küssen, welche Wonne!
In deinem Auge, welcher Schmerz!
Ich ging, du standst und sahst zur Erden
30 Und sahst mir nach mit nassem Blick:
Und doch, welch Glück, geliebt zu werden!
Und lieben, Götter, welch ein Glück!

2 Sucht in den ersten beiden Strophen Beispiele für die Personifizierung der Natur.

3 Schreibe aus dem Gedicht Formulierungen heraus, die Gefühle der Liebe zum Ausdruck bringen.

4 Erkläre, wie der im Titel »Willkommen und Abschied« ausgedrückte Gegensatz im Gedicht ausgeführt wird.

5 Trage das Gedicht wirkungsvoll vor. Bedenke dabei die wechselnden Stimmungen des lyrischen Ichs sowie seine Handlungen (heranreiten, weggehen).

1 Auf dieser Doppelseite findet ihr drei Gedichte zum Thema »Liebe«. Erarbeitet die Texte in Gruppen und stellt eure Ergebnisse der Klasse vor. Nutzt dazu die Methodenseiten (S. 58–59).

Adelbert von Chamisso

Seit ich ihn gesehen

Seit ich ihn gesehen,
Glaub ich blind zu sein;
Wo ich hin nur blicke,
Seh ich ihn allein;
5 Wie im wachen Traume
Schwebt sein Bild mir vor,
Taucht aus tiefstem Dunkel
Heller nur empor.

Sonst ist licht- und farblos
10 Alles um mich her,
Nach der Schwestern Spiele
Nicht begehr ich mehr.
Möchte lieber weinen
Still im Kämmerlein;
15 Seit ich ihn gesehen,
Glaub ich blind zu sein.

Matthias Claudius

Die Liebe

Die Liebe hemmet nichts;
sie kennt nicht Tür noch Riegel,
Und dringt durch alles sich;
Sie ist ohn Anbeginn,
schlug ewig ihre Flügel,
Und schlägt sie ewiglich.

Theodor Storm

Du gehst an meiner Seite hin

Du gehst an meiner Seite hin
Und achtest meiner nicht;
Nun schmerzt mich deine weiße Hand,
Dein süßes Angesicht.

5 O sprich wie sonst ein liebes Wort,
Ein einzig Wort mir zu!
Die Wunden bluten heimlich fort,
Auch du hast keine Ruh.

Der Mund, der jetzt zu meiner Qual
10 Sich stumm vor mir verschließt,
Ich hab ihn ja so tausendmal,
Vieltausendmal geküsst.

Was einst so überselig war,
Bricht nun das Herz entzwei;
15 Das Aug, das meine Seele trank,
Sieht fremd an mir vorbei.

2 Die drei Gedichte entstanden zwischen 1798 und 1851. Verfasse zu einem der Gedichte ein Parallelgedicht in einer freien Form.

3 Veranstaltet in eurer Klasse einen Poetry-Slam, in dem die modernen Parallelgedichte vorgestellt werden.

Erich Fried

Was es ist

Es ist Unsinn
sagt die Vernunft
Es ist was es ist
sagt die Liebe

5 Es ist Unglück
sagt die Berechnung
Es ist nichts als Schmerz
sagt die Angst
Es ist aussichtslos
10 sagt die Einsicht
Es ist was es ist
sagt die Liebe

Es ist lächerlich
sagt der Stolz
15 Es ist leichtsinnig
sagt die Vorsicht
Es ist unmöglich
sagt die Erfahrung
Es ist was es ist
20 sagt die Liebe

MIA.

Was es ist

Ich dreh' den Kopf und bin noch müde
Ich hatte eine kurze Nacht.
Lass' meine Augen zu und frag' mich:
Was hat mich um den Schlaf gebracht?
5 Ich fühl' dich bei mir und genieße
deine Hand in meiner Hand.
Was ich jetzt weiß und noch nicht wusste
Bin nicht mehr fremd in meinem Land.

Ein Schluck vom schwarzen Kaffee macht
10 mich wach.
Dein roter Mund berührt mich sacht.
In diesem Augenblick, es klickt,
geht die gelbe Sonne auf.

Es ist, was es ist, sagt die Liebe
15 Was es ist, fragt der Verstand.
Wohin es geht, das woll'n wir wissen
Mhm ...
Es ist, was es ist, sagt die Liebe
Was es ist, sagt der Verstand.
20 Ich freu' mich auf mein Leben
Mache frische Spur'n in den weißen Strand.
[...]

1 Erstelle eine Übersicht zu den unterschiedlichen Blickwinkeln auf die Liebe in Erich Frieds Gedicht. Fasse zusammen, wie die Liebe beurteilt wird.

2 Überlegt, wie das Gedicht wirkt und woran das liegen könnte.

3 Vergleiche das Gedicht mit dem Auszug aus dem Song der Gruppe MIA. Was wurde verändert?

Erich Kästner

Sachliche Romanze

Als sie einander acht Jahre kannten
(und man darf sagen: sie kannten sich gut),
kam ihre Liebe plötzlich abhanden.
Wie andern Leuten ein Stock oder Hut.

5 Sie waren traurig, betrugen sich heiter,
versuchten Küsse, als ob nichts sei,
und sahen sich an und wussten nicht weiter.
Da weinte sie schließlich. Und er stand dabei.

Vom Fenster aus konnte man Schiffen winken.
10 Er sagte, es wäre schon Viertel nach vier
und Zeit, irgendwo Kaffee zu trinken.
Nebenan übte ein Mensch Klavier.

Sie gingen ins kleinste Café am Ort
und rührten in ihren Tassen.
15 Am Abend saßen sie immer noch dort.
Sie saßen allein, und sie sprachen kein Wort
und konnten es einfach nicht fassen.

1 Erkläre, was die einzelnen Strophen des Gedichts ausdrücken.

2 Recherchiert die Bedeutung des Begriffs *Romanze*. Vergleicht dann die Aussage des Titels mit dem Inhalt des Gedichts.

3 Schreibe eine Gedichtinterpretation. Orientiere dich an den Methodenseiten (S. 58–59).

Sarah Kirsch

Bei den weißen Stiefmütterchen

Im Park wie ers mir auftrug
stehe ich unter der Weide
ungekämmte Alte blattlos
siehst du sagt sie er kommt nicht

5 Ach sage ich er hat sich den Fuß gebrochen
eine Gräte verschluckt, eine Straße
wurde plötzlich verlegt oder
er kann seiner Frau nicht entkommen
viele Dinge hindern uns Menschen

10 Die Weide wiegt sich und knarrt
kann auch sein er ist schon tot
sah blaß aus als er dich unterm Mantel küßte
kann sein Weide kann sein
so wollen wir hoffen er liebt mich nicht mehr

R

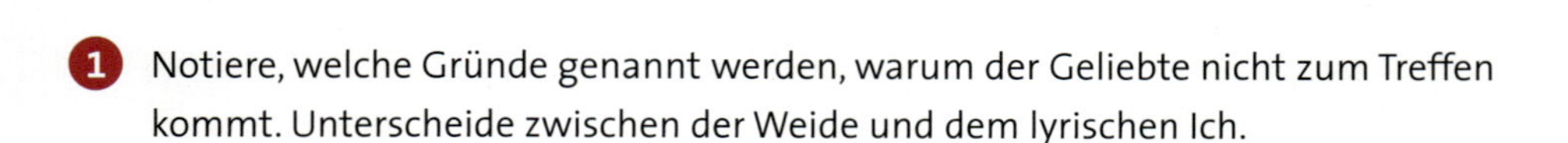

1 Notiere, welche Gründe genannt werden, warum der Geliebte nicht zum Treffen kommt. Unterscheide zwischen der Weide und dem lyrischen Ich.

2 Erkläre den letzten Vers des Gedichts.

3 Gestaltet eine szenische Interpretation. Überlegt zuvor, wie ihr die im Gedicht beschriebene Situation veranschaulichen könnt. Denkt außerdem darüber nach, welche Rolle die Weide hat.

Heinrich Heine

Ein Jüngling liebt ein Mädchen

Ein Jüngling liebt ein Mädchen,
Die hat einen andern erwählt;
Der andre liebt eine andre,
Und hat sich mit dieser vermählt.

5 Das Mädchen heiratet aus Ärger
Den ersten besten Mann,
Der ihr in den Weg gelaufen;
Der Jüngling ist übel dran.

Es ist eine alte Geschichte,
10 Doch bleibt sie immer neu;
Und wem sie just passieret,
Dem bricht das Herz entzwei.

1 Skizziere die Situation der fünf Beteiligten in einer Übersicht.

2 Untersuche den Aufbau des Gedichts. Wie hängen die drei Strophen inhaltlich zusammen?

3 Stelle alle im Gedicht angesprochenen Beziehungen bildhaft dar. Das kann ein Comic, eine Collage oder ein Schaubild sein.

Florian Werner

Servus

Sag beim Abschied nicht: Adieu.
Sag nicht: Du, es war irgendwie unheimlich schön mit dir.
Sag nicht: Ich glaub, es ist für uns beide das Beste so.
Sag nicht: Du warst viel zu gut für mich.
5 Sag nicht: Lass es uns doch noch *einmal* miteinander probieren.
Sag nicht: Ich ruf dich an, ja?
Sag nicht: Und die Leute haben immer gesagt, wir wären so ein schönes Paar.
Sag nicht: Aber körperlich, *körperlich* hat es doch meistens ganz gut geklappt, oder?
10 Sag niemals: Ich glaube, ein Teil von mir wird dich ein Stück weit immer lieben.
Sag auf gar keinen Fall: Wenn ich »Every Breath You Take« höre, werde ich bestimmt jedes Mal an dich denken müssen. [...]

1. Wähle drei Formulierungen aus und suche nach Gründen, warum diese Abschiedsfloskeln abgelehnt werden.

2. Untersuche die Gestaltung des Textes. Welche Wirkung ist damit verbunden?

3. Sucht nach weiteren Formulierungen, die bei Trennungen geäußert werden könnten, und überlegt, ob sie geeignet sind.

Robert Gernhardt

DU

Du – deine Haut fühlt sich glatt an.
– Ich hab dein Gesülze satt, Mann!

Du – deine Haut fühlt sich so warm an.
– Nimm eine andere auf den Arm, Mann!

5 Du – deine Haut fühlt sich so zart an.
– Der Spruch hat einen Riesenbart, Mann!

Du – deine Haut fühlt sich so heiß an.
– Red doch nicht dauernd sonen Scheiß, Mann!

Du – deine Haut fühlt sich so gut an.
10 – Gleich kriegst du aber einen auf den Hut, Mann!

Du – deine Haut fühlt sich so weich an.
– Du laberst wirklich wie der letzte Scheich, Mann!

Du – deine Haut fühlt sich so rau an.
– Jetzt hört euch mal diese Machosau an!
15 Rau, meine Haut? Die fühlt sich glatt an!
Und wenn du das nicht tickst, mach ich dich platt, Mann!

1 Erläutere, wer jemanden mit *Du* anspricht, wer dieses *Du* ist und wie es reagiert.

2 Erkläre den Schluss des Gedichts.

3 Tragt das Gedicht szenisch vor. Überlegt euch, ob die Reaktion der angesprochenen Person nur gedacht ist und wie ihr diese dann darstellen könnt.

Friederike Mayröcker

Wie ich dich nenne wenn ich an dich denke und du nicht da bist

meine Walderdbeere
meine Zuckerechse
meine Trosttüte
mein Seidenspinner
mein Sorgenschreck
meine Aurelia
meine Schotterblume
mein Schlummerkind
meine Morgenhand
mein Vielvergesser
mein Fensterkreuz
mein Mondverstecker
mein Silberstab
mein Abendschein
mein Sonnenfaden
mein Rüsselhase
mein Hirschenkopf
meine Hasenpfote
mein Treppenfrosch
mein Lichterkranz
mein Frühlingsdieb
mein Zittergaul
meine Silberschnecke
mein Tintenfasz
mein Besenfuchs
mein Bäumefäller
mein Sturmausreiszer
mein Bärenheger
mein Zähnezeiger
mein Pferdeohr
mein Praterbaum
mein Ringelhorn
meine Affentasche
meine Winterwende
meine Artischocke
meine Mitternacht
mein Rückwärtszähler

(da capo!)

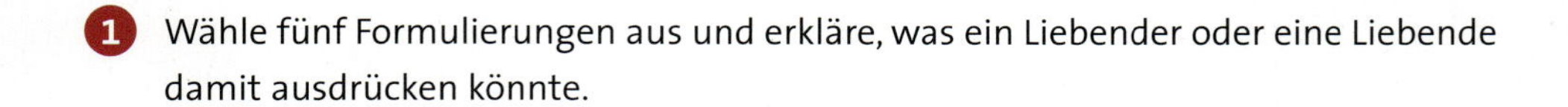

1. Wähle fünf Formulierungen aus und erkläre, was ein Liebender oder eine Liebende damit ausdrücken könnte.

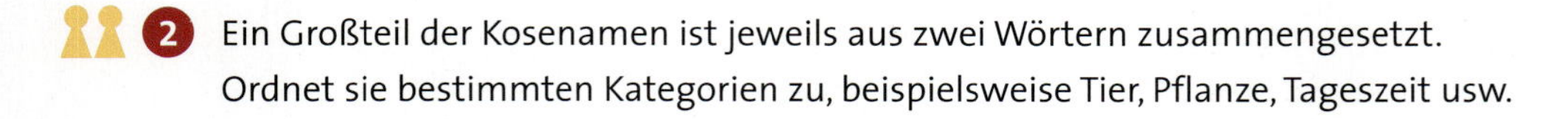

2. Ein Großteil der Kosenamen ist jeweils aus zwei Wörtern zusammengesetzt. Ordnet sie bestimmten Kategorien zu, beispielsweise Tier, Pflanze, Tageszeit usw.

3. Denke dir fünf weitere Kosenamen aus, die sich ebenfalls aus zwei Wörtern zusammensetzen und möglichst ungewöhnlich sind.

Kapitel 4

Wer zuletzt lacht … Komische und satirische Geschichten

Aus der Berliner Zeitung vom 04. 07. 2011

1. Erkläre den Inhalt der Zeichnung. Worin besteht das Komische der dargestellten Situation?

2. Diese Art der humoristischen Zeichnung nennt man Karikatur. Informiere dich über ihre Definition und Geschichte.

3. In Tageszeitungen haben Karikaturen oft einen politischen Hintergrund. Bringt eine aktuelle Karikatur mit und tauscht euch über ihren Inhalt aus.

Was ist Humor?

1 Lies die folgenden Zitate. Welche Beschreibung des Humors findest du am treffendsten? Begründe deine Meinung.

Humor ist, wenn man trotzdem lacht.
Otto Julius Bierbaum

Humor ist der Knopf, der verhindert,
dass einem der Kragen platzt.
Joachim Ringelnatz

Humor ist das Salz der Erde, und wer
gut durchgesalzen ist, bleibt lange frisch.
Karel Čapek

Humor ist der Schwimmgürtel auf dem Strom des Lebens.
Wilhelm Raabe

Selbst die verborgene Quelle des Humors
ist nicht Freude, sondern Kummer.
Mark Twain

Ich lobe mir den heitern Mann
Am meisten unter meinen Gästen!
Wer sich nicht selbst zum Besten haben kann,
Ist selbst nicht einer von den Besten!
Johann Wolfgang von Goethe

2 Humoristische Texte können Menschen zum Lachen oder Schmunzeln veranlassen.
Suche in Zeitungen und Zeitschriften (z. B. im Satiremagazin *Eulenspiegel*) bzw. auf deren Internetseiten ein Beispiel für einen gelungenen humoristischen Beitrag und stelle ihn vor. Begründe deine Wahl.

Ephraim Kishon

Schöner Regen heute, nicht wahr? (England)

Auf immer neue Art wird der Ausländer von der Selbstdisziplin und den guten Manieren der Inselbewohner beeindruckt.
Ich werde nie den Tag vergessen, an dem ein beleibter Mann auf einer Londoner Bahnstation einen bereits zum Bersten überfüllten Zug zu besteigen versuchte. Er schob und stieß mit Schultern und Ellbogen, um für sich und seine drei Koffer Platz zu schaffen.

In jedem andern Land wären ihm schon nach kurzer Zeit sämtliche Zähne eingeschlagen worden. Die wohlerzogenen Engländer begnügten sich damit, seine Anstrengungen stumm zu beobachten. Sie fanden es unter ihrer Würde, in irgendeiner Form einzugreifen.

Endlich ließ ein älterer Herr sich vernehmen: »Warum drängeln Sie, Sir? Auch andere Leute sitzen gerne.«

»Das kümmert mich nicht«, fauchte der Angeredete und gebärdete sich weiterhin wie ein wild gewordener Stier.

»Nur weil die anderen sitzen wollen, werde ich nicht bis Southampton stehen.«

Niemand würdigte ihn einer Entgegnung. Man ignorierte ihn.

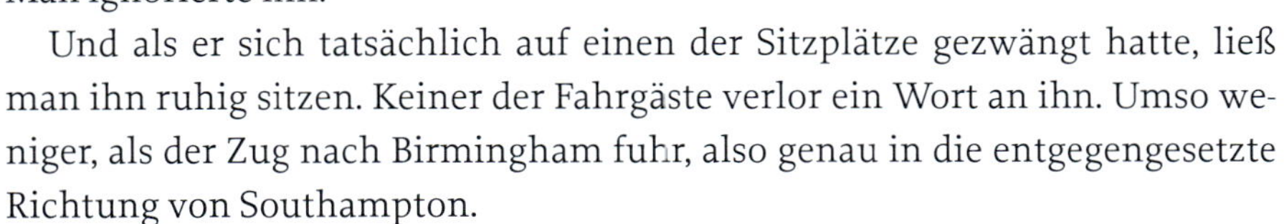

Und als er sich tatsächlich auf einen der Sitzplätze gezwängt hatte, ließ man ihn ruhig sitzen. Keiner der Fahrgäste verlor ein Wort an ihn. Umso weniger, als der Zug nach Birmingham fuhr, also genau in die entgegengesetzte Richtung von Southampton.

1 Gib den Verlauf von Kishons Reiseanekdote mit eigenen Worten wieder.

2 Beschreibe das hier vorgestellte Klischee eines angeblich typischen englischen Verhaltens. Wird dies durch die Geschichte bestätigt? Begründe deine Meinung.

3 Formuliere mit eigenen Worten die Pointe der Geschichte.

4 Überlegt, mit welchen Mitteln der Autor eine komische Wirkung erreicht.

1 Lies den folgenden Text und beschreibe, was daran komisch ist.

Gerhard Zwerenz

Nicht alles gefallen lassen

Wir wohnten im dritten Stock mitten in der Stadt und haben uns nie etwas zu Schulden kommen lassen, auch mit Dörfelts von gegenüber verband uns eine jahrelange Freundschaft, bis die Frau sich kurz vor dem Fest unsre Bratpfanne auslieh und nicht zurückbrachte. Als meine Mutter dreimal vergeblich gemahnt hatte, riss ihr eines Tages die Geduld, und sie sagte auf der Treppe zu Frau Muschg, die im vierten Stock wohnt, Frau Dörfelt sei eine Schlampe.

Irgendwer muss das den Dörfelts hinterbracht haben, denn am nächsten Tag überfielen Klaus und Achim unsern Jüngsten, den Hans, und prügelten ihn windelweich.

Ich stand grad im Hausflur, als Hans ankam und heulte. In diesem Moment trat Frau Dörfelt drüben aus der Haustür, ich lief über die Straße, packte ihre Einkaufstasche und stülpte sie ihr über den Kopf. Sie schrie aufgeregt um Hilfe, als sei sonst was los, dabei drückten sie nur die Glasscherben etwas auf den Kopf, weil sie ein paar Milchflaschen in der Tasche gehabt hatte.

Vielleicht wäre die Sache noch gut ausgegangen, aber es war just um die Mittagszeit, und da kam Herr Dörfelt mit dem Wagen angefahren.

Ich zog mich sofort zurück, doch Elli, meine Schwester, die mittags zum Essen heimkommt, fiel Herrn Dörfelt in die Hände. Er schlug ihr ins Gesicht und zerriss dabei ihren Rock. Das Geschrei lockte unsre Mutter ans Fenster, und als sie sah, wie Herr Dörfelt mit Elli umging, warf unsre Mutter mit Blumentöpfen nach ihm. Von Stund an herrschte erbitterte Feindschaft zwischen den Familien.

Weil wir nun Dörfelts nicht über den Weg trauten, installierte Herbert, mein ältester Bruder, der bei einem Optiker in die Lehre geht, ein Scherenfernrohr am Küchenfenster.

Da konnte unsre Mutter, waren wir alle unterwegs, die Dörfelts beobachten. Augenscheinlich verfügten diese über ein ähnliches Instrument, denn eines Tages schossen sie von drüben mit einem Luftgewehr herüber. Ich erledigte das feindliche Fernrohr dafür mit einer Kleinkaliberbüchse, an diesem Abend ging unser Volkswagen unten im Hof in die Luft.

Unser Vater, der als Oberkellner im hochrenommierten Café Imperial arbeitete, nicht schlecht verdiente und immer für den Ausgleich eintrat, meinte, wir sollten uns jetzt an die Polizei wenden.

35 Aber unserer Mutter passte das nicht, denn Frau Dörfelt verbreitete in der ganzen Straße, wir, das heißt unsre gesamte Familie, seien derart schmutzig, dass wir mindestens zweimal jede Woche badeten und für das hohe Wassergeld, das die Mieter zu gleichen Teilen zahlen müssen, verantwortlich wären.

Wir beschlossen also, den Kampf aus eigner Kraft in aller Härte aufzuneh-
40 men, auch konnten wir nicht mehr zurück, verfolgte doch die gesamte Nachbarschaft gebannt den Fortgang des Streites.

Am nächsten Morgen schon wurde die Straße durch ein mörderisches Geschrei geweckt.

Wir lachten uns halbtot, Herr Dörfelt, der früh als Erster das Haus verließ,
45 war in eine tiefe Grube gefallen, die sich vor der Haustüre erstreckte.

Er zappelte ganz schön in dem Stacheldraht, den wir gezogen hatten, nur mit dem linken Bein zappelte er nicht, das hielt er fein still, das hatte er sich gebrochen.

Bei alledem konnte der Mann noch von Glück sagen – denn für den Fall,
50 dass er die Grube bemerkt und umgangen hätte, war der Zünder einer Plastikbombe mit dem Anlasser seines Wagens verbunden. Damit ging kurze Zeit später Klunker-Paul, ein Untermieter von Dörfelts, hoch, der den Arzt holen wollte.

Es ist bekannt, dass die Dörfelts leicht übelnehmen. So gegen zehn Uhr be-
55 gannen sie, unsre Hausfront mit einem Flakgeschütz zu bestreichen. Sie mussten sich erst einschießen, und die Einschläge befanden sich nicht alle in der Nähe unserer Fenster.

Das konnte uns nur recht sein, denn jetzt fühlten sich auch die anderen Hausbewohner geärgert, und Herr Lehmann, der Hausbesitzer, begann, um
60 den Putz zu fürchten. Eine Weile sah er sich die Sache noch an, als aber zwei Granaten in seiner guten Stube krepierten, wurde er nervös und übergab uns den Schlüssel zum Boden.

Wir robbten sofort hinauf und rissen die Tarnung von der Atomkanone.

Es lief alles wie am Schnürchen, wir hatten den Einsatz oft genug geübt, die
65 werden sich jetzt ganz schön wundern, triumphierte unsre Mutter und kniff als Richtkanonier das rechte Auge fachmännisch zusammen.

Als wir das Rohr genau auf Dörfelts Küche eingestellt hatten, sah ich drüben gegenüber im Bodenfenster ein gleiches Rohr blinzeln, das hatte freilich keine Chance mehr, Elli, unsre Schwester, die den Verlust ihres Rockes nicht
70 verschmerzen konnte, hatte zornroten Gesichts das Kommando »Feuer!« erteilt.

Mit einem unvergesslichen Fauchen verließ die Atomgranate das Rohr, zugleich fauchte es auch auf der Gegenseite. Die beiden Geschosse trafen sich genau in der Straßenmitte.

75 Natürlich sind wir nun alle tot, die Straße ist hin, und wo unsre Stadt früher stand, breitet sich jetzt ein graubrauner Fleck aus.

Aber eins muss man sagen, wir haben das Unsre getan, schließlich kann man sich nicht alles gefallen lassen.

Die Nachbarn tanzen einem sonst auf der Nase herum.

2 Erläutert anhand von Textstellen, wie der Autor Komik erzeugt.

3 Überlege dir eine menschliche Schwäche im Zusammenleben und schreibe einen kurzen humorvollen Text darüber.

1 Lies die beiden Texte. Fasse ihren Inhalt mit eigenen Worten zusammen.

Was ist Satire?

In der Satire wird die Kritik an menschlichen Schwächen und gesellschaftlichen oder politischen Zuständen nicht direkt vorgebracht. Stattdessen arbeitet die Satire mit übertriebenen und verzerrten Beschreibungen. Die Wirklichkeit wird mit bösem Witz der Lächerlichkeit preisgegeben. Themen der 5 Satire finden sich oft in der Politik. Hierbei werden Widersprüche politischen Handelns aufgezeigt, z. B. bei nicht eingelösten Wahlversprechen oder wenn Reden und Handeln von Politikern nicht übereinstimmen. Ein wichtiges Mittel der Satire ist Ironie, eine Redeweise, bei der das Gegenteil von dem gesagt wird, was gemeint ist (z. B. die Aussage »Tolles Wetter heute!«, wenn es in Strö- 10 men regnet). Satirische Formen sind Karikaturen, Zeitungstexte oder Bühnenprogramme im Kabarett.

Kurt Tucholsky

Was darf die Satire?

Die Satire muß übertreiben und ist ihrem tiefsten Wesen nach ungerecht. Sie bläst die Wahrheit auf, damit sie deutlicher wird. [...]
Wir sollten nicht so kleinlich sein. Wir alle – Volksschullehrer und Kaufleute und Professoren und Redakteure und Musiker und Ärzte und Beamte und 5 Frauen und Volksbeauftragte – wir alle haben Fehler und komische Seiten und kleine und große Schwächen. Und wir müssen nun nicht immer gleich aufbegehren [...], wenn einer wirklich einmal einen guten Witz über uns reißt. Boshaft kann er sein, aber ehrlich soll er sein. Das ist kein rechter Mann und kein rechter Stand, der nicht einen ordentlichen Puff vertragen kann. Er mag 10 sich mit denselben Mitteln dagegen wehren, er mag widerschlagen – aber er wende nicht verletzt, empört, gekränkt das Haupt. R

2 »Darüber lacht man nicht!«, heißt es oft. Wo seht ihr die Grenzen der Satire? Darf man sich über alles lustig machen? Diskutiert eure Standpunkte dazu.

3 Lies noch einmal den Text »Nicht alles gefallen lassen« (S. 76–78) und zeige auf, mit welchen satirischen Mitteln menschliche Schwächen verspottet werden.

1 Erläutere deinen Standpunkt zur Behauptung in der Überschrift.

Kurt Tucholsky

Frauen sind eitel. Männer? Nie –!

Das war in Hamburg, wo jede vernünftige Reiseroute aufzuhören hat, weil es die schönste Stadt Deutschlands ist – und es war vor dem dreiteiligen Spiegel. Der Spiegel stand in einem Hotel, das Hotel stand vor der Alster, der Mann stand vor dem Spiegel. Die Morgen-Uhr zeigte genau fünf Minuten vor einhalb zehn.

Der Mann war nur mit seinem Selbstbewusstsein bekleidet [...].

Männer sind nicht eitel. Frauen sind es. Alle Frauen sind eitel. Dieser Mann stand vor dem Spiegel, weil der dreiteilig war und weil der Mann zu Hause keinen solchen besaß. Nun sah er sich, [...] mit dem Hängebauch, im dreiteiligen Spiegel und bemühte sich, sein Profil so kritisch anzusehen, wie seine egoistische Verliebtheit das zuließ ... eigentlich ... und nun richtete er sich ein wenig auf – eigentlich sah er doch sehr gut im Spiegel aus, wie –? Er strich sich mit gekreuzten Armen über die Haut, wie es die tun, die in ein Bad steigen wollen ... und bei dieser Betätigung sah sein linkes Auge ganz zufällig durch die dünne Gardine zum Fenster hinaus. Da stand etwas.

Es war eine enge Seitenstraße, und gegenüber, in gleicher Etagenhöhe, stand an einem Fenster eine Frau, eine ältere Frau, schien's, die hatte die drübige Gardine leicht zur Seite gerafft, den Arm hatte sie auf ein kleines Podest gelehnt, und sie stierte, starrte, glotzte, äugte gerade auf des Mannes gespiegelten Bauch. Allmächtiger.

Der erste Impuls hieß den Mann vom Spiegel zurücktreten, in die schützende Weite des Zimmers, gegen Sicht gedeckt. So ein Frauenzimmer. Aber es war doch eine Art Kompliment, [...] es war eine Schmeichelei. »An die Schönheit.« Unleugbar war das so. Der Mann wagte sich drei Schritt vor.

Wahrhaftig: da stand sie noch immer und äugte und starrte. Nun – man ist auf der Welt, um Gutes zu tun ... und wir können uns doch noch alle Tage sehen lassen – ein erneuter Blick in den Spiegel bestätigte das – heran an den Spiegel, heran ans Fenster!

Nein. Es war *zu schéhnierlich*[1] ... der Mann hüpfte davon, wie ein junges Mädchen, eilte ins Badezimmer und rasierte sich mit dem neuen Messer, das glitt sanft über die Haut wie ein nasses Handtuch, es war eine Freude. Abspülen,

1 *korrekt:* genierlich

[...] scharf nachwaschen, pudern ... das dauerte gut und gern seine zehn Minuten. Zurück. Wollen doch spaßeshalber einmal sehen –.

35 Sie stand wahr und wahrhaftig noch immer da; in genau derselben Stellung wie vorhin stand sie da, die Gardine leicht zur Seite gerafft, den Arm aufgestützt, und sah regungslos herüber. Das war denn doch – also, das wollen wir doch mal sehen.

40 Der Mann ging nun überhaupt nicht mehr vom Spiegel fort. Er machte sich dort zu schaffen, wie eine Bühnenzofe auf dem Theater: er bürstete sich [...]; er schnitt sich die Nägel und trocknete sich ausführlich hinter den Ohren, er sah sich prüfend von der Seite an, 45 von vorn und auch sonst ... ein schiefer Blick über die Straße: die Frau, die Dame, das Mädchen – sie stand noch immer da.

Der Mann, im Vollgefühl seiner maskulinen Siegerkraft, bewegte sich wie ein Gladiator im Zimmer, er tat so, als sei das Fenster nicht vorhanden, er ignorierte scheinbar ein Publikum, für das er alles tat, was er tat: er schlug ein 50 Rad, und sein ganzer Körper machte fast hörbar: Kikeriki! dann zog er sich, mit leisem Bedauern, an.

Nun war da ein manierlich bekleideter Herr, – die Person stand doch immer noch da! –, er zog die Gardine zurück und öffnete mit leicht vertraulichem Lächeln das Fenster. Und sah hinüber.

55 Die Frau war gar keine Frau.

Die Frau, vor der er eine halbe Stunde lang seine männliche Nacktheit produziert hatte, war – ein Holzgestell mit einem Mantel darüber, eine Zimmerpalme und ein dunkler Stuhl. So wie man im nächtlichen Wald aus Laubwerk und Ästen Gesichter komponiert, so hatte er eine Zuschauerin gesehen, wo 60 nichts gewesen war als Holz, Stoff und eine Zimmerpalme. Leicht begossen schloß der Herr Mann das Fenster. Frauen sind eitel. Männer – ? Männer sind es nie. [R]

2 Beschreibe und beurteile das Verhalten des Mannes im Verlauf der Handlung. Gehe dabei auch auf die Überschrift ein.

3 Stelle dir vor, die Zuschauerin wäre echt gewesen. Schreibe auf, wie sie die Szene erlebt hat. Was könnte sie gedacht haben?

Loriot

An die Jugend

Es ist doch verhängnisvoll, daß Eltern früher auf die Welt kommen als ihr Kind. Dadurch entwickeln sie vorzeitig ein ungutes, durch nichts begründetes Überlegenheitsgefühl.

Kämen Eltern und Kinder gleichzeitig auf die Welt, wüchsen sie gemeinsam, in wohltuender Chancengleichheit in ihre Aufgaben hinein. Wieviel Verständnis hätte dann der Jugendliche für die Irrtümer seiner Eltern, wieviel nachsichtiger verliefe jede Meinungsverschiedenheit!

Nur wenn Vater, Mutter und Kind gemeinsam sprechen lernen, finden sie die nötige Gelassenheit für den Austausch pädagogischer Argumente.

Aber so weit sind wir eben noch nicht. Bis auf weiteres wird die Jugend [...] doch ziemlich allein gelassen mit der Frage: »Wie erziehe ich meine Eltern zu ordentlichen, gebildeten Mitgliedern unserer Gesellschaft?« [...]

Es ist sonderbar, aber Eltern sind auch Menschen, und sie sind, was die Herstellung und Aufzucht von Nachwuchs betrifft, so was wie ungelernte Arbeiter.

Niemandem ist es erlaubt, ohne gründliche Ausbildung und Führerschein am Straßenverkehr teilzunehmen, aber zur Produktion eines Kindes – das angeblich Kostbarste, was eine Nation besitzt – bedarf es keiner Eignungsprüfung. Nicht einmal Abitur wird verlangt.

Originalzeichnung von Loriot

20 Kein Wunder, daß die sogenannten Erwachsenen hinsichtlich der Lebensgewohnheiten der Jugend völlig im dunklen tappen. Hier bedarf es behutsamer Nachhilfe.

Kinder sollten ihre Eltern rechtzeitig daran gewöhnen, abends nicht zu lange aufzubleiben. Quengelnde, übermüdete Erwachsene benötigen Ruhe, 25 um für die Anforderungen des Lebenskampfes gerüstet zu sein, während die Jugendlichen den endlich freigewordenen Wohnraum nutzen für entspannte Geselligkeit mit ihren gleichaltrigen Freunden. Eine wichtige Übung zur Formung des späteren Sozialverhaltens.

Vor allem sollte genügend Zeit zum Fernsehen bleiben. Die Universitäten 30 neigen dazu, durch ein überreichliches Arbeitspensum das geregelte Fernsehen zu erschweren. Ihr aber solltet nicht nachlassen, vor allem die Werbung intensiv zu verfolgen, die ja leider alle paar Minuten durch unverständliche Spielfilmteile unterbrochen wird.

Dann wißt ihr, was unser Leben so glücklich macht: nicht Wissen, nicht 35 Bildung, nicht Kunst und Kultur ... nein, nein ... es ist der echte Kokos-Riegel mit Knusperkruste, die sanfte Farbspülung für den Kuschelpullover und der Mittelklassewagen für die ganze glückliche Familie mit Urlaubsgepäck und Platz für ein Nilpferd. R

1 Fasse die Aussagen zusammen, die Loriot zum Verhältnis zwischen Kindern und Eltern trifft.

2 Welche stilistischen Mittel verwendet Loriot für seine Aussage? Sucht entsprechende Textstellen.

3 Welche Botschaft vermittelt Loriot mit seiner Rede? Formuliere sie so um, dass sie sachlich und nicht satirisch wirkt.

4 Informiere dich über Loriot. Was war er für ein Mensch?

Olaf Schubert

Wie ich die Welt retten würde

Vom Erwachen, Aufstehen und Planen des Tages

Und es geschah wie schon so oft in meinem Leben: Ein neuer Tag stand vor der Tür. Eigentlich mehr als das, denn mit einem Bein war er schon eingetreten, zeigte die Uhr doch halb elf. Noch im Schlaf beschloss ich, dass somit Zeit sei aufzuwachen. Gedacht – getan! Ich erwachte, indem ich einfach aufhörte zu schlafen. Schonend gewöhnte ich nun mein sanftes Gemüt an die um mich herrschende Realität, indem ich nacheinander meine Augen öffnete. Was ich sah, überraschte mich nicht. Wie immer lag ich souverän im Raum, unweit meines Bettes. Blickkontakt zu meinem Bett ist mir wichtig, da ich sonst zu unruhigem Schlaf tendiere. Auch alles andere, was sonst noch als Umgebung rumstand, fand ich unverändert vor. Alles war wie gestern Abend, nur später. Das Jahr befand sich mitten im April, draußen stampfte Gevatter Lenz tatendurstig durch die Primeln. Diese Schilderung des Zustands der Natur ist selbstverständlich nur als Metapher zu verstehen, als sprachliches Bild, das ich mit Buchstaben gezeichnet habe. Es drückt aus, dass der Frühling sich nicht nur kalendarisch, sondern tatsächlich anschickte, seine Geschwisterjahreszeit, den Winter, mit Stumpf und Stiel vom Hof zu jagen. [...]

Draußen tollten also meine gefiederten Freunde, die Schnäblinge, und zwitscherten vergnügt im Astwerk eines Holderstrauchs. Vom logistischen Brimbamborium des Frühlings beflügelt, entschloss ich mich, ebenfalls aktiv zu werden: Ein kurzer Check meiner inneren Organe zeigte mir, dass ich auf physio-endohygienischer Ebene keine Dissonanzen zu befürchten hatte.

Diese morgendliche, innerkörperliche Visite ist obligates Ritual, um die Schar glibbriger Murkelmasse, mit der ich schwanger gehe, wieder in den Dienst zu stellen. Während der REM-Phase zu nachtschlafender Zeit, da mag ein jedes Eingeweide tun, was ihm beliebt. Doch bei Tage bin ich der Chef in mir! Daran lasse ich auch keinen Zweifel. Eine vorlaute Milz, eine faule Galle oder eine launische Leber kann ich mir nicht leisten. Sie hätten sich ja einen anderen Wirt aussuchen können – irgendeinen dem Schlendrian zugeneigten Gelegenheits-Ronny! Bei mir – also im Olaf – herrschen Subordination und Ordnung!

Und außen? Da natürlich auch! Meine äußeren Wesensmerkmale sind ge-
35 nauso von Belang wie meine inneren, deshalb stand als Erstes die unverzicht-
bare Morgenwaschung an:

> Einst verguß ich meinen Morgenwusch,
> war unwohl und beklommen drum –
> und das auch noch auf Usedom!

40 Nachdem ich zu Beginn dieses Buches bereits mit ungewöhnlich literarischen Stilmitteln überrascht habe, werde ich jetzt noch einen draufsetzen und Dir, Leser, den ersten wertvollen Schubertschen Tipp geben:

Die morgendliche Wäsche am besten so früh wie möglich und mit Wasser absolvieren! Dann verbindet sich mit dem reinigenden auch noch der erfrischende Aspekt.

45 Das war nur der erste der zahlreichen Tipps, die ich Dir im Laufe dieses Buches geben werde. Du wirst erfreut feststellen, dass ich mein Wissen auf einer praxisnahen, spielerischen Ebene vermittele. Der Mensch-das-probier-ich-gleich-mal-aus!-Impuls soll in Dir aufkommen. Und solltest Du es nicht abwarten können, lege das Buch kurz beiseite, um meinen ersten Kniff sofort in
50 der Praxis anzuwenden.

Doch nun zurück zum Eigentlichen. Oft werde ich gefragt: »Olaf, ist die Äußerlichkeit eines Individuums tatsächlich ebenso wichtig wie die innere Wertigkeit?« Jedem so Fragenden entgegne ich dann immer: »Der ästhetisch dargereichte Leib ist Hausnummer und Türschild, an welches unsere Mitwelt
55 anklopft. Nachlass im Mühen um die Pflege desselben führt zu Isolanz vom reinlichen Restvolk. Und da sich die Mehrheit stets in der Überzahl befindet, bringt's nur Verdruss mit sich. Bedauerlich und beprangernswert allerdings ist die nur auf Äußerlichkeiten fixierte Wahrnehmungsfocussierung unserer Gesellschaft. [...]« Kaum ziert einer seinen Kopf mit einem mutigen Hut oder
60 schmückt sich anderweitig mit energischem Accessoire – schon denkt man: Ahhh, beziehungsweise Ohoho! Doch ist nicht die äußere Form nur der Behälter für den Inhalt, also Bottich für die Seele? Wie spricht der Volksmund doch so schön?

»Rotkraut bleibt Rotkraut – egal, in welche Schale man es gibt!«

1 Kläre die Bedeutung der verwendeten Fremdwörter, Redewendungen und Wortneuschöpfungen.

2 Tragt zusammen, welche »Weisheiten und Botschaften« der Text vermittelt. Tauscht euch darüber aus, was ihr davon haltet.

James Thurber

Das Mädchen und der Wolf

Eines Nachmittags saß ein großer Wolf in einem finsteren Wald und wartete, dass ein kleines Mädchen mit einem Korb voller Lebensmittel für ihre Großmutter des Weges käme. Endlich kam auch ein kleines Mädchen des Weges, und sie trug einen Korb voller Lebensmittel. »Bringst du den Korb zu deiner Großmutter?«, fragte der Wolf. Das kleine Mädchen sagte Ja, und nun erkundigte sich der Wolf, wo die Großmutter wohne. Das kleine Mädchen gab ihm Auskunft, und er verschwand in den Wald.

Als das kleine Mädchen das Haus ihrer Großmutter betrat, sah sie, dass jemand im Bett lag, der ein Nachthemd und eine Nachthaube trug. Sie war noch keine drei Schritte auf das Bett zugegangen, da merkte sie, dass es nicht ihre Großmutter war, sondern der Wolf, denn selbst in einer Nachthaube sieht ein Wolf einer Großmutter nicht ähnlicher als der Metro-Goldwyn-Löwe dem Präsidenten der Vereinigten Staaten. Also nahm das kleine Mädchen einen Browning aus ihrem Korb und schoss den Wolf tot.

Moral: Es ist heutzutage nicht mehr so leicht wie ehedem, kleinen Mädchen etwas vorzumachen.

1. Erläutere, wie der Autor das Volksmärchen vom Rotkäppchen verändert. Stelle Vermutungen über seine Absicht an.

2. Informiere dich im Merkwissen (ab S. 151) über den Begriff *Parodie*. Erkläre dann, warum es sich bei dieser Geschichte um eine Märchenparodie handelt.

3. Schreibe eine moderne Variante zu diesem oder einem anderen Märchen, das du aus deiner Kindheit kennst. Nutze dazu Mittel des humoristischen Schreibens auf der Methodenseite (S. 87).

Humoristische Texte verfassen

Um einen witzigen Text zu schreiben, helfen dir folgende Tipps:

1. Ein geeignetes Thema wählen
- Anfängerpech: Beschreibe eine peinliche Situation, in der etwas schiefgeht, weil man es zum ersten Mal macht (Kuchen backen, fliegen, küssen ...).
- aus einer Mücke einen Elefanten machen: Erinnere dich an eine Begebenheit, bei der Nachbarn, Eltern, andere Fahrgäste usw. wegen eines geringen Anlasses völlig überzogen reagiert haben.
- Märchen neu erzählt: Du kannst dazu die handelnden Märchenfiguren in die Neuzeit versetzen oder Gut und Böse vertauschen.

2. Sich für ein Textformat entscheiden
- Tagebucheintrag, Brief, Rede, Telefonat usw.

3. Sprachliche Mittel überlegen
- Übertreibung: Ich bin so hungrig, ich könnte ein ganzes Schwein essen.
- lustige Vergleiche: Er frisst wie ein Scheunendrescher.
- übertragene Bedeutung wörtlich nehmen: Wenn ein Glatzkopf sagt: »Die Kinder fressen mir die Haare vom Kopf!«
- Ironie: »Nimm dir ruhig das letzte Stück Kuchen« zu jemandem sagen, der schon die halbe Torte weggefuttert hat.
- Wortneuschöpfungen: *Hüpfbrot* für Toastbrot, weil es aus dem Toaster »hüpft«.

4. Den Text überarbeiten
- je knapper, desto witziger: Vermeide lange Erklärungen und prüfe, ob die Pointe sitzt.
- spritzige Dialoge: Achte auf einen schnellen Schlagabtausch zwischen den Figuren. Prüfe die Zeichensetzung in der wörtlichen Rede.

1 Schreibe mithilfe der Tipps einen humoristischen Text.

2 Tragt eure Texte wie auf einer Bühne vor und kürt den besten Komiker der Klasse.

Mirja Boes

Boese Tagebücher. Unaussprechlich peinlich

Es stimmt nicht, dass das Leben die besten Geschichten schreibt. Das Leben verzapft lauter unglaubwürdigen Unsinn, mit dem man sich niemals irgendwo blicken lassen könnte, weil jeder sofort sagen würde: »Ach, das hast du dir doch ausgedacht!«

5 Ich kann das beweisen. Ich habe nämlich eine zutiefst beschämende Entdeckung gemacht: meine alten Tagebücher! Geschrieben in der Zeit zwischen meinem elften und meinem 19. Lebensjahr. Und da stehen Sachen drin ... also Sachen!!!

[...] Also sitz ich jetzt hier oben vor den alten Kartons mit meinen uralten 10 Tagebüchern. Meine Mutter hatte mich sowieso schon länger auf deren Existenz aufmerksam gemacht und gefragt, was sie denn damit machen solle.

Jetzt, nachdem ich schon einige Zeit darin gelesen habe, fallen mir da ein paar hervorragende Antworten ein: »Verbrennen!«, »Im Rhein versenken!«, »Kurz vor der Sprengung eines Hochhauses durchs Erdgeschossfenster wer-15 fen!« – um nur einige zu nennen.

Aber statt die Bücher in weiser Voraussicht mit einer beherzten Aktion vom Gesicht der Erde zu fegen, fuhr ich zu meinen Eltern und öffnete die Kiste. Oder sollte ich lieber sagen »die Büchse der Pandora[1]«? Denn nun liegen sie vor mir: kleine, ledergebundene und überwiegend knallrosa Heftchen, mit 20 kleinen Schlössern daran, die fast alle Spuren von Gewaltanwendung aufweisen, weil ich natürlich regelmäßig den Schlüssel verschlampt hatte und mein Vater mit dem Schraubenzieher anrücken musste, um sich dann von mir mit einem hysterischen »Nicht drin lesen! Nicht drin lesen!«-Gekreische wieder wegschubsen zu lassen. Als hätte ihn dieser Mädchenquark auch nur 25 die Bohne interessiert!

Doch so harmlos diese Bücher von außen auch aussehen – sie haben es in sich. Und damit meine ich nicht all die Kinotickets, Postkarten und vollgeweinten Taschentücher, die zwischen den Seiten stecken, sondern die Einträge. Ich sitze nun schon seit drei Tagen auf dem Dachboden, in einer Hand 30 ein Tagebuch. Die andere habe ich abwechselnd am Laptop oder halte sie mir schützend vor die Augen, weil ich hoffe, die Schamgefühle, die sich beim Lesen einstellen, werden vielleicht ein bisschen kleiner, wenn ich nur durch Zeigefinger und Ringfinger darauf linse. Werden sie aber nicht.

1 *griech. Mythologie* Frau, die in einer Büchse alle Übel auf die Welt brachte

Ich muss es wohl zugeben: Ich war ein entsetzliches Kind. Ein richtiges kleines Nerv-Gör, mit Stickeralbum und Perlen im Haar und Jason-Donovan-Postern im Zimmer. Und hätte es damals schon Handy-Klingeltöne gegeben, ich wäre die Erste gewesen, die sich den »Kuschel-Song« heruntergeladen, auswendig gelernt und so lange auf ihrem Kinder-Keyboard geklimpert hätte, bis all meinen Mitmenschen das Kuscheln für immer vergangen wäre.

Es gab aber keine Handy-Klingeltöne. Es gab ja noch nicht mal Handys. Insgesamt war das eine Zeit, in der man noch nicht jeden Gedanken, der einem durch den Kopf stolperte, sofort seiner besten Freundin mitteilen musste. Stattdessen kritzelte man ihn lieber in sein Tagebuch. Und da standen dann Sachen wie:

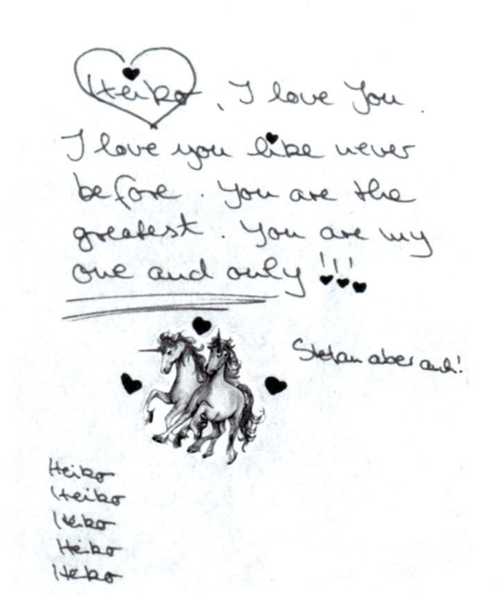

Ich weiß gar nicht, wofür ich mich mehr schäme: für das gewollt coole Teletubby-Englisch oder dafür, wie ich mit Stefan umgegangen bin. Stefan war nämlich während meiner gesamten Schulzeit mein »Warmhalte-Freund«: Er war tierisch in mich verliebt, ich aber nicht in ihn. Das habe ich ihm nur nie so deutlich gesagt, weil ich ihn mir warmhalten wollte – für schlechte Zeiten. Leider wurden die Zeiten nie schlecht genug für Stefan. Ich hoffe, er wartet nicht noch immer auf ein Zeichen von mir. Falls doch, möchte ich ihm hier und heute zurufen: Stefan, das wird nichts mit uns zweien! Also … wahrscheinlich.

1. Erläutere den Titel »Boese Tagebücher«.

2. Überlege, warum die Erzählerin ihre damals ernsthaft verfassten Aufzeichnungen heute als peinlich empfindet. Was hat sich verändert?

3. Kennst du auch Situationen vom Erzählen oder aus eigenem Erleben, die »unaussprechlich peinlich« sind? Beschreibe sie auf humorvolle Weise. Nutze dazu die Methodenseite (S. 87).

1 Lies die folgende Geschichte und erläutere dann die Bedeutung des Titels.

Anton Tschechow

Das Chamäleon

Über den Marktplatz spaziert der Polizeiaufseher Otschumjälow. Er hat einen neuen Mantel an und trägt ein Bündel in der Hand. Hinter ihm marschiert ein rothaariger Polizist mit einem Korb, der bis an den Rand mit beschlagnahmten Stachelbeeren gefüllt ist. Ringsum ist es still ... Auf dem Platz ist keine Sterbensseele ... Die offenen Türen der Läden und Schänken schauen wie hungrige Rachen trübe in Gottes Licht hinein, nicht einmal Bettler lungern herum.

»Beißen willst du, verdammtes Biest?«, hört Otschumjälow plötzlich rufen. »Lasst ihn nicht durch, Kinder! Es ist heutzutage verboten zu beißen! Packt ihn! Ah ... ah!«

Man hört das Winseln eines Hundes. Otschumjälow blickt zur Seite und sieht, wie aus dem Holzlager des Kaufmanns Pitschugin ein Hund gelaufen kommt; er humpelt auf drei Beinen und sieht sich immerzu um. Hinter ihm her jagt ein Mann in einem gestärkten Baumwollhemd mit aufgeknöpfter Weste. Er läuft hinter ihm her und stürzt, da er den Oberkörper zu weit vorstreckt, zu Boden, bekommt jedoch den Hund an den Hinterpfoten zu packen. Aufs Neue ertönt das Winseln des Hundes und aufs Neue der Ruf: »Lasst ihn nicht durch!« Aus den Läden gucken verschlafene Gesichter, und alsbald sammelt sich, als wüchse sie aus der Erde, eine Menschenmenge um das Holzlager herum.

»Da scheinen Unregelmäßigkeiten vorzufallen, Euer Wohlgeboren!«, meint der Polizist.

Otschumjälow vollzieht eine Halbwendung nach links und geht auf die Ansammlung zu. Dicht neben dem Lagertor bemerkt er den oben beschriebenen Mann in der aufgeknöpften Weste, der, die rechte Hand hochhebend, der Menge einen blutigen Finger vorweist. Und auf seinem Säufergesicht drückt sich Genugtuung aus und auch sein Finger macht einen triumphierenden Eindruck.

Otschumjälow erkennt in diesem Mann den Meister des Goldschmiedegewerbes Chrjukin. Inmitten der Menge sitzt auf dem Erdboden, die Vorderbeine gespreizt und am ganzen Körper zitternd, der Urheber des Skandals – ein weißer Windhund-Welpe mit spitzer Schnauze und gelbem Fleck auf dem

Rücken. In seinen tränenden Augen liegt ein Ausdruck von Schwermut und Entsetzen.

35 »Aus welchem Anlass seid ihr hier?«, fragt Otschumjälow, während er die Menge durchquert. »Wozu seid ihr hier? Und was machst du mit dem Finger? ... Wer hat da geschrien?«

»Da geh ich so für mich hin, Euer Wohlgeboren, und tu niemand ein Leides ...«, beginnt Chrjukin, während er in die hohle Faust hustet. »[...] und 40 plötzlich läuft dies gemeine Biest mir nichts, dir nichts daher und packt mich am Finger ... Sie müssen entschuldigen, ich bin nämlich ein Mensch, der arbeitet ... Meine Arbeit ist eine Handarbeit. Man soll mich bezahlen, denn warum? Diesen Finger werde ich vielleicht eine ganze Woche lang nicht rühren können ... In keinem Gesetz steht geschrieben, Euer Wohlgeboren, 45 dass man sich so was von einem Tier gefallen lassen muss ... Wenn jeder Hund beißen wollte, wäre es unerträglich auf der Welt ...«

»Hm! ... Schon gut ...«, meint Otschumjälow streng, während er sich räuspert und die Augenbrauen bewegt. »Schon gut ... Wem gehört der Hund? Das kann nicht so weitergehen. Ich will euch lehren, was das heißt, Hunde streunen zu lassen! Höchste Zeit, die Aufmerksamkeit auf derartige Herrschaften zu lenken, die sich nicht den Verordnungen fügen wollen! Wenn ich dem Halunken jetzt eine Strafe aufbrumme, wird er schon merken, was das zu bedeuten hat: Hunde und dergleichen vagabundierendes Viehzeug! Ich werde ihm schon zeigen, was eine Harke ist! ... Jeldyrkin«, mit diesen Worten wendet sich der Aufseher an den Polizisten, »bringe in Erfahrung, wessen Hund dies ist, und nimm ein Protokoll auf! Was den Hund anlangt, so muss er getötet werden. Unverzüglich! Ist wahrscheinlich tollwütig ... Wessen Hund ist das, frage ich?«

»Anscheinend dem General Schigalow seiner!«, meint jemand aus der Menge.

»Des Generals Schigalow? Hm! ... Jeldyrkin, nimm mir mal den Mantel ab ... Geradezu entsetzlich heiß! Man könnte meinen, es gäbe Regen ... Eins bloß kann ich nicht verstehen: Wie war es überhaupt möglich, dass er dich beißen konnte?«, wendet sich Otschumjälow an Chrjukin. »Wie konnte er an deinen Finger kommen? Er ist doch noch klein, und du bist so ein Mordskerl! [...] Du bist ... man kennt euch ja! Ich kenne euch Satansbraten!«

»Euer Wohlgeboren, er fummelte ihm aus Spaß mit einer Zigarre vor der Schnauze herum; der Hund aber ließ sich nicht foppen, sondern schnappte zu ... Ein windiger Mann, Euer Wohlgeboren!«

»Das lügst du in deinen Hals, du einäugiger Kerl! Hast es ja gar nicht mit angesehn, also warum lügst du denn? Seine Wohlgeboren ist ein kluger Herr, und der begreift schon, ob jemand lügt oder ob jemand auf Ehr und Gewissen redet, wie vor Gott selber ... Sollte ich aber jetzt lügen, dann mag es der Friedensrichter untersuchen. Der hat alles schriftlich im Gesetzbuch ... Und heutzutage sind alle einander gleich ... Und was mich anlangt, mein Bruder dient bei den Gendarmen ... wenn Sie es zu wissen wünschen ...«

»Ich wünsche keine Unterhaltung!«

»Nein, das ist niemals der vom General ...«, bemerkt tiefsinnig der Polizist. »Der General hat keinen solchen Hund, sondern allemal solche in der Art von Hühnerhunden ...«

»Das weißt du ganz gewiss?«

»Ganz gewiss, Euer Wohlgeboren ...«

»Weiß ich selber auch. Der General hat teure Hunde, Rassehunde, dieser aber – der Teufel weiß, was das für einer ist! Kein Fell, kein Aussehen ... nichts als nackte Scheußlichkeit ... Und solch einen Hund hält man?! ... Wo habt ihr euren Verstand? Wenn so ein Hund in Petersburg oder Moskau sich zeigen wollte, wisst ihr, was geschähe? Dort schlüge niemand erst das Gesetzbuch auf, sondern machte augenblicklich Schluss! Chrjukin, du bist geschädigt, und du solltest die Sache nicht auf sich beruhen lassen ... Man muss ein Exempel statuieren! Es ist höchste Zeit ...«

»Aber vielleicht ist er doch einer vom General ...«, überlegt der Polizist laut. »An der Schnauze steht ihm das nicht geschrieben ... Kürzlich habe ich so einen in seinem Hof gesehen.«

»Na klar, ist einer von den Hunden des Generals!«, meldet sich eine Stimme aus der Menge.

»Hm! ... Jeldyrkin, Bruder, häng mir mal den Mantel über ... Was doch für ein kühler Wind aufkommt ... Mich friert ... Dann führe ihn zum General und frage dort nach. Sage, ich hätte ihn gefunden und schicke ihn ... Und sage ferner, man solle ihn nicht auf die Straße hinauslassen ... Es könnte ja ein teurer Hund sein, und wenn ein jedes Schwein ihm mit der Zigarre vor der Nase herumfummelt, wie lange kann es dauern und er ist verdorben. Ein Hund ist ein zartes Geschöpf ... Und du, Lümmel, lass endlich die Hand sinken! Brauchst deinen blöden Finger nicht hervorzustrecken! Bist selber an allem schuld! ...«

»Dort kommt der Koch des Generals, den wollen wir fragen ... He, Prochor! Komm doch mal her, Bester! Sieh dir doch mal den Hund da an ... Ist das eurer?«

»Was bildest du dir wohl ein? Von dieser Sorte haben wir zeitlebens keine gehabt!«

»Wozu da überhaupt noch lange fragen?«, meint Otschumjälow. »Ist ja ein Streuner! Da braucht man sich nicht lange zu unterhalten! ... Und überhaupt, wenn ich sage, es ist ein Streuner, dann ist es ein Streuner ... Umbringen und Schluss damit!«

»Das ist keiner von unseren Hunden«, fährt Prochor fort. »Der gehört dem Bruder des Generals, der kürzlich hergereist ist. Unser Herr ist kein Liebhaber von Windhunden. Aber der Herr Bruder ist es ...«

»Ist denn der Herr Bruder, Wladimir Iwanytsch, angekommen?«, fragt Otschumjälow und verzieht sein ganzes Gesicht zu einem Lächeln der Rührung. »Schau an, du lieber Gott! Und ich wusste es nicht! Ist wohl zu Besuch hergereist?«

»Ja, zu Besuch ...«

»Schau einer an! Du lieber Gott ... Hat Sehnsucht nach seinem Bruder gehabt ... Und ich wusste es nicht! Das ist also sein Hündchen? Sehr erfreut ... Da nimm ihn ... Das Hündchen ist schon richtig ... Ein scharfes Hündchen ... Zapp, hat es nach dem Finger geschnappt! Ha-ha-ha ... Na, was zittert es denn so? Rrr ... Rrr ... Es ärgert sich, das liebe Vieh ...«

Prochor ruft den Hund und entfernt sich mit ihm. Die Menge lacht über Chrjukin.

»Ich krieg dich noch einmal!«, droht ihm Otschumjälow und setzt, während er sich fester in den Mantel hüllt, seinen Weg über den Marktplatz fort.

2 Fasse die Handlung mit eigenen Worten zusammen.

3 Erläutere den Zusammenhang zwischen den Vermutungen zur Herkunft des Hundes und der wechselnden Meinung des Polizeiaufsehers.

4 Tragt zusammen, wie der Hund im Verlauf des Geschehens genannt wird. Ordnet die Bezeichnungen nach ihrer positiven und negativen Bedeutung.

5 Charakterisiert die handelnden Personen. Bereitet ein szenisches Lesen vor, bei dem die jeweils komischen Verhaltensweisen deutlich werden.

Kapitel 5
»Nathan der Weise«

Aufführung Schauspielhaus Graz (2002)

Ich weiß, wie gute Menschen denken; weiß,
Dass alle Länder gute Menschen tragen.
G. E. Lessing: Nathan der Weise, II/5

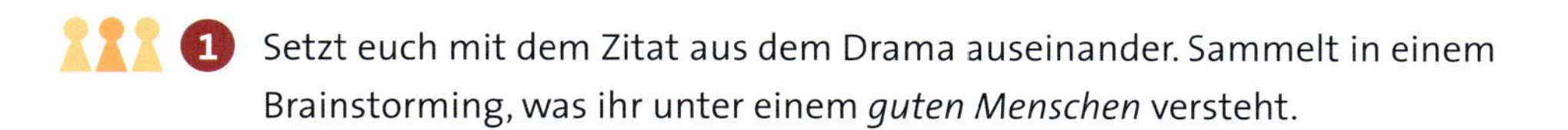

1. Setzt euch mit dem Zitat aus dem Drama auseinander. Sammelt in einem Brainstorming, was ihr unter einem *guten Menschen* versteht.

2. Gotthold Ephraim Lessing schrieb das Drama »Nathan der Weise« im Jahr 1779. Informiert euch im Lexikon oder im Internet über Leben und Werk des Autors.

1 Lessing nutzte für sein Drama »Nathan der Weise« die folgende Geschichte aus dem 14. Jahrhundert. Lest sie und gebt den Inhalt mit eigenen Worten wieder.

Giovanni Boccaccio

Das Dekameron. Erster Tag, dritte Geschichte

Saladin, dessen Trefflichkeit so groß war, dass sie ihn nicht nur von einem geringen Manne zum Sultan von Babylon erhob, sondern ihm auch vielfach Siege über sarazenische[1] und christliche Fürsten gewährte, hatte in zahlreichen Kriegen und in großartigem Aufwand seinen ganzen Schatz geleert 5 und wusste nun, da neue und unerwartete Bedürfnisse wieder eine große Geldsumme erheischten, nicht, wo er sie so schnell, wie er ihrer bedurfte, auftreiben sollte. Da erinnerte er sich eines reichen Juden namens Melchisedech, der in Alexandrien auf Wucher lieh und nach Saladins Dafürhalten wohl imstande gewesen wäre, ihm zu helfen, aber so geizig war, dass er es aus freien 10 Stücken nie getan hätte. Gewalt wollte Saladin nicht gebrauchen; aber das Bedürfnis war dringend, und es stand bei ihm fest, auf die eine oder andere Art sollte der Jude ihm helfen. So sann er denn nur auf einen Vorwand, ihn unter einigem Scheine von Recht zwingen zu können.

Endlich ließ er ihn rufen, empfing ihn auf das Freundlichste, hieß ihn ne- 15 ben sich sitzen und sprach alsdann: »Mein Freund, ich habe schon von vielen gehört, du seiest weise und habest besonders in göttlichen Dingen tiefe Einsicht. Darum wüsste ich gern von dir, welches unter den drei Gesetzen du für das wahre hältst, das jüdische, das sarazenische oder das christliche.«

Der Jude war in der Tat ein weiser Mann und erkannte wohl, dass Saladin 20 ihm solcherlei Fragen nur vorlegte, um ihn in seinen eigenen Worten zu fangen. Auch sah er, dass, welches von diesen Gesetzen er auch vor den andern loben möchte, Saladin immer seinen Zweck erreichte. So bot er denn schnell seinen ganzen Scharfsinn auf, um eine unverfängliche Antwort, wie sie ihm nottat, zu finden. Schon fiel ihm auch ein, wie er sprechen musste, und er 25 sagte:

»Mein Gebieter, die Frage, die Ihr mir vorlegt, ist schön und tiefsinnig. Soll ich aber meine Meinung darüber sagen, so muss ich Euch eine kleine Geschichte erzählen [...]. Ich erinnere mich [...], dass vor Zeiten ein reicher und vornehmer Mann lebte, der vor allen anderen auserlesenen Juwelen, die er in 30 seinem Schatz verwahrte, einen wunderschönen und kostbaren Ring wert-

1 arabisch, mohammedanisch

Holzschnitt der italienischen Ausgabe von 1492

hielt. Um diesen seinem Werte und seiner Schönheit nach zu ehren und ihn auf immer im Besitz seiner Nachkommen zu erhalten, ordnete er an, dass derjenige unter seinen Söhnen, der den Ring, als ihm vom Vater übergeben, vorzeigen könnte, für seinen Erben gelten und vor allen anderen als der Vornehmste geehrt werden sollte. [...] Kurz, der Ring ging von Hand zu Hand auf viele Nachkommen über. Endlich aber kam er in den Besitz eines Mannes, der drei Söhne hatte, die sämtlich schön, tugendhaft und ihrem Vater unbedingt gehorsam waren, daher auch gleich zärtlich von ihm geliebt wurden. Die Jünglinge wussten, welche Bewandtnis es mit dem Ringe hatte, und da ein jeder der Geehrteste unter den Seinigen zu werden wünschte, baten alle drei einzeln den Vater, der schon alt war, inständig um das Geschenk des Ringes. Der gute Mann liebte sie alle gleichmäßig und wusste selber keine Wahl unter ihnen zu treffen. So versprach er denn den Ring einem jeden und sann über ein Mittel nach, um alle zu befriedigen. Zu diesem Ende ließ er heimlich von einem geschickten Meister zwei andere Ringe fertigen, die dem ersten so ähnlich waren, dass er selbst, der doch den Auftrag gegeben hatte, den rechten kaum zu erkennen wusste. Als er auf dem Totenbette lag, gab er heimlich jedem der Söhne einen von den Ringen. Nach des Vaters Tod nahm ein jeder Erbschaft und Vorrang für sich in Anspruch, und da einer dem andern das Recht dazu bestritt, zeigte jeder, um seine Forderung zu begründen, den Ring vor, den er erhalten hatte. Da sich nun ergab, dass die Ringe einander so ähnlich waren, dass niemand erkennen konnte, welcher der echte sei, blieb die Frage, welcher von ihnen des Vaters echter Erbe sei, unentschieden, und bleibt es noch heute.

So sage ich Euch denn, mein Gebieter, auch von den drei Gesetzen, die Gottvater den drei Völkern gegeben und über die Ihr mich befraget. Jedes der Völker glaubt seine Erbschaft, sein wahres Gesetz und seine Gebote zu haben, damit es sie befolge. Wer es aber wirklich hat, darüber ist, wie über die Ringe, die Frage noch unentschieden.«

2 Wie gelingt es dem Juden Melchisedech, sich mit Geschick und Scharfsinn aus der Affäre zu ziehen? Beurteile seine Bewertung der Geschichte im letzten Absatz.

Auch in Lessings Drama lässt Saladin, der sich in Geldnot befindet, den reichen Juden Nathan zu sich kommen und fragt ihn, welcher Glaube ihm am meisten eingeleuchtet habe.

1 Lies den ersten Teil der folgenden Szene. Fasse den wesentlichen Inhalt anschließend mit eigenen Worten zusammen.

Gotthold Ephraim Lessing

Nathan der Weise

Dritter Aufzug. Siebenter Auftritt

Saladin und Nathan.

Saladin: (So ist das Feld hier rein!) – Ich komm dir doch
Nicht zu geschwind zurück? Du bist zu Rande
Mit deiner Überlegung. – Nun so rede!
5 Es hört uns keine Seele.
Nathan: Möcht auch doch
Die ganze Welt uns hören.
Saladin: So gewiss
Ist Nathan seiner Sache? Ha! das nenn
10 Ich einen Weisen! Nie die Wahrheit zu
Verhehlen! für sie alles auf das Spiel
Zu setzen! Leib und Leben! Gut und Blut!
Nathan: Ja! ja! wann's nötig ist und nutzt. [...]
Doch, Sultan, eh ich mich dir ganz vertraue,
15 Erlaubst du wohl, dir ein Geschichtchen zu
Erzählen?
Saladin: Warum das nicht? Ich bin stets
Ein Freund gewesen von Geschichtchen, gut
Erzählt. [...]
20 **Nathan:** Vor grauen Jahren lebt' ein Mann in Osten,
Der einen Ring von unschätzbarem Wert'
Aus lieber Hand besaß. Der Stein war ein
Opal, der hundert schöne Farben spielte,
Und hatte die geheime Kraft, vor Gott
25 Und Menschen angenehm zu machen, wer

In dieser Zuversicht ihn trug. Was Wunder,
Dass ihn der Mann in Osten darum nie
Vom Finger ließ; und die Verfügung traf,
Auf ewig ihn bei seinem Hause zu
30 Erhalten? Nämlich so. Er ließ den Ring
Von seinen Söhnen dem geliebtesten;
Und setzte fest, dass dieser wiederum
Den Ring von seinen Söhnen dem vermache,
Der ihm der liebste sei; und stets der liebste,
35 Ohn Ansehn der Geburt, in Kraft allein
Des Rings, das Haupt, der Fürst des Hauses werde. –
Versteh mich, Sultan.

Saladin: Ich versteh dich. Weiter!

Nathan: So kam nun dieser Ring, von Sohn zu Sohn,
40 Auf einen Vater endlich von drei Söhnen;
Die alle drei ihm gleich gehorsam waren,
Die alle drei er folglich gleich zu lieben
Sich nicht entbrechen konnte. Nur von Zeit
Zu Zeit schien ihm bald der, bald dieser, bald
45 Der dritte, – so wie jeder sich mit ihm
Allein befand, und sein ergießend Herz
Die andern zwei nicht teilten, – würdiger
Des Ringes; den er denn auch einem jeden
Die fromme Schwachheit hatte, zu versprechen.
50 Das ging nun so, solang es ging. – Allein
Es kam zum Sterben, und der gute Vater
Kömmt in Verlegenheit. Es schmerzt ihn, zwei
Von seinen Söhnen, die sich auf sein Wort
Verlassen, so zu kränken. – Was zu tun? –
55 Er sendet in geheim zu einem Künstler,
Bei dem er, nach dem Muster seines Ringes,
Zwei andere bestellt, und weder Kosten
Noch Mühe sparen heißt, sie jenem gleich,
Vollkommen gleich zu machen. Das gelingt
60 Dem Künstler. Da er ihm die Ringe bringt,
Kann selbst der Vater seinen Musterring
Nicht unterscheiden. Froh und freudig ruft
Er seine Söhne, jeden insbesondre;

Gibt jedem insbesondre seinen Segen, –
65 Und seinen Ring, – und stirbt. – Du hörst doch, Sultan?
Saladin: *(der sich betroffen von ihm gewandt)*
Ich hör, ich höre! – Komm mit deinem Märchen
Nur bald zu Ende. – Wird's?
Nathan: Ich bin zu Ende.
70 Denn was noch folgt, versteht sich ja von selbst. –
Kaum war der Vater tot, so kömmt ein jeder
Mit seinem Ring', und jeder will der Fürst
Des Hauses sein. Man untersucht, man zankt,
Man klagt. Umsonst; der rechte Ring war nicht
75 Erweislich; – *(nach einer Pause, in welcher er des Sultans Antwort erwartet)*
Fast so unerweislich, als
Uns itzt – der rechte Glaube.
Saladin: Wie? das soll
Die Antwort sein auf meine Frage? ...
80 **Nathan:** Soll
Mich bloß entschuldigen, wenn ich die Ringe,
Mir nicht getrau zu unterscheiden, die
Der Vater in der Absicht machen ließ,
Damit sie nicht zu unterscheiden wären.
85 **Saladin:**
Die Ringe! – Spiele nicht mit mir! – Ich dächte,
Dass die Religionen, die ich dir
Genannt, doch wohl zu unterscheiden wären.
Bis auf die Kleidung; bis auf Speis und Trank!
90 **Nathan:** Und nur von Seiten ihrer Gründe nicht. –
Denn gründen alle sich nicht auf Geschichte?
Geschrieben oder überliefert! – Und
Geschichte muss doch wohl allein auf Treu
Und Glauben angenommen werden? – Nicht? –
95 Nun wessen Treu und Glauben zieht man denn
Am wenigsten in Zweifel? Doch der Seinen?
Doch deren Blut wir sind? doch deren, die
Von Kindheit an uns Proben ihrer Liebe
Gegeben? die uns nie getäuscht, als wo
100 Getäuscht zu werden uns heilsamer war? –
Wie kann ich meinen Vätern weniger,

Als du den deinen glauben? Oder umgekehrt. –
Kann ich von dir verlangen, dass du deine
Vorfahren Lügen strafst, um meinen nicht
105 Zu widersprechen? Oder umgekehrt.
Das Nämliche gilt von den Christen. Nicht? –
Saladin: (Bei dem Lebendigen! Der Mann hat Recht.
Ich muss verstummen.)

2 Erkläre, welche Kraft dem Ring hier zugeschrieben wird und weshalb der Vater zwei weitere identische Ringe anfertigen lässt.

3 Lies die Szene zu Ende. Welchen Rat erteilt der kluge Richter den drei Söhnen?

Nathan: Lass auf unsre Ring'
110 Uns wieder kommen. Wie gesagt: die Söhne
Verklagten sich; und jeder schwur dem Richter,
Unmittelbar aus seines Vaters Hand
Den Ring zu haben. – Wie auch wahr! – Nachdem
Er von ihm lange das Versprechen schon
115 Gehabt, des Ringes Vorrecht einmal zu
Genießen. – Wie nicht minder wahr! – Der Vater,
Beteu'rte jeder, könne gegen ihn
Nicht falsch gewesen sein; und eh' er dieses
Von ihm, von einem solchen lieben Vater,
120 Argwohnen lass': eh müss' er seine Brüder,
So gern er sonst von ihnen nur das Beste
Bereit zu glauben sei, des falschen Spiels
Bezeihen; und er wolle die Verräter
Schon auszufinden wissen; sich schon rächen.
125 **Saladin:**
Und nun, der Richter? – Mich verlangt zu hören,
Was du den Richter sagen lässest. Sprich!
Nathan:
Der Richter sprach: Wenn ihr mir nun den Vater
130 Nicht bald zur Stelle schafft, so weis ich euch
Von meinem Stuhle. Denkt ihr, dass ich Rätsel
Zu lösen da bin? Oder harret ihr,

Bis dass der rechte Ring den Mund eröffne? –
Doch halt! Ich höre ja, der rechte Ring
135 Besitzt die Wunderkraft beliebt zu machen;
Vor Gott und Menschen angenehm. Das muss
Entscheiden! Denn die falschen Ringe werden
Doch das nicht können! – Nun; wen lieben zwei
Von euch am meisten? – Macht, sagt an! Ihr schweigt?
140 Die Ringe wirken nur zurück? und nicht
Nach außen? Jeder liebt sich selber nur
Am meisten? – O so seid ihr alle drei
Betrogene Betrieger! Eure Ringe
Sind alle drei nicht echt. Der echte Ring
145 Vermutlich ging verloren. Den Verlust
Zu bergen, zu ersetzen, ließ der Vater
Die drei für einen machen.

Saladin: Herrlich! herrlich!

Nathan: Und also; fuhr der Richter fort, wenn ihr
150 Nicht meinen Rat, statt meines Spruches, wollt:
Geht nur! – Mein Rat ist aber der: ihr nehmt
Die Sache völlig wie sie liegt. Hat von
Euch jeder seinen Ring von seinem Vater:
So glaube jeder sicher seinen Ring
155 Den echten. – Möglich; dass der Vater nun
Die Tyrannei des Einen Rings nicht länger
In seinem Hause dulden wollen! – Und gewiss;
Dass er euch alle drei geliebt, und gleich
Geliebt: indem er zwei nicht drücken mögen,

160 Um einen zu begünstigen. – Wohlan!
Es eifre jeder seiner unbestochnen
Von Vorurteilen freien Liebe nach!
Es strebe von euch jeder um die Wette,
Die Kraft des Steins in seinem Ring' an Tag
165 Zu legen! komme dieser Kraft mit Sanftmut,
Mit herzlicher Verträglichkeit, mit Wohltun,
Mit innigster Ergebenheit in Gott,
Zu Hülf'! Und wenn sich dann der Steine Kräfte
Bei euern Kindes-Kindeskindern äußern:
170 So lad ich über tausend tausend Jahre,
Sie wiederum vor diesen Stuhl. Da wird
Ein weisrer Mann auf diesem Stuhle sitzen,
Als ich; und sprechen. Geht! – So sagte der
Bescheidne Richter.

175 **Saladin:** Gott! Gott!

Nathan: Saladin,
Wenn du dich fühlest, dieser weisere
Versprochne Mann zu sein: ...

Saladin: *(der auf ihn zustürzt, und seine Hand ergreift, die er bis zu Ende nicht*
180 *wieder fahren lässt)*
Ich Staub? Ich Nichts?
O Gott!

Nathan: Was ist dir, Sultan?

Saladin: Nathan, lieber Nathan! –
185 Die tausend tausend Jahre deines Richters
Sind noch nicht um. – Sein Richterstuhl ist nicht
Der meine. – Geh! – Geh! – Aber sei mein Freund [...]

4 Nathans Antwort auf die Frage des Sultans wird auch als »Ringparabel« bezeichnet. Eine Parabel ist eine lehrhafte Gleichniserzählung, aus der eine Erkenntnis gewonnen wird.
Beschreibe, wie Nathan die Parabel von den drei Ringen auf die Beantwortung der Frage des Sultans nach dem wahren Glauben anwendet.

5 Spielt die Szene frei und mit eigenen Worten nach.
Wiederholt vorab noch einmal den Handlungs- und Gesprächsverlauf.

Dramenszenen analysieren

Die Analyse einer Dramenszene ist eine Vorarbeit zur Interpretation. Die folgenden Schritte helfen dir dabei, eine solche Aufgabe erfolgreich zu meistern:

1. Sich einen Gesamtüberblick verschaffen
- Lies die Szene.
- Beachte auch die Überschrift und vorhandene Regieanweisungen.

2. Stichpunktartig die *W*-Fragen beantworten
- Was ging der Szene voraus?
- Wo und wann spielt die Handlung?
- Wer tritt auf?
  Personen, die aufeinandertreffen; ihre Besonderheiten, ihr Verhältnis zueinander
- Wie sprechen die Figuren miteinander?
  sprachliche Besonderheiten, z.B. sachliche oder Umgangssprache; Sprechweise, z.B. hastig, zögerlich, ruhig, liebevoll, herablassend usw.
- Was geschieht?
  Handlungs- und Gesprächsverlauf
- Wie wird die weitere Handlung beeinflusst?
  Funktion der Szene im Gesamtgefüge des Dramas: Wird eine neue Person oder ein neues Thema eingeführt? Erfährt die Handlung einen Wendepunkt, eine Zuspitzung, eine Lösung des Konflikts o.Ä.?

3. Aussagen mit Textstellen belegen
- Suche ein kurzes, aussagekräftiges Zitat.
- Achte auf die richtige Zitierweise.

1 Analysiere die Szene mit der Ringparabel mithilfe der oben aufgeführten Arbeitsschritte. Notiere deine Ergebnisse.

2 Vergleicht eure Arbeitsergebnisse miteinander. Schätzt dabei ein, wie gut es euch gelungen ist, den wesentlichen Inhalt und die Kernaussage der Szene zu erfassen.

Fachübergreifendes

Wie ein Streit zu einem Drama führte

Während seiner Zeit als Bibliothekar in Wolfenbüttel veröffentlichte Lessing 1774 die bibelkritische Schrift einer befreundeten Familie unter dem Titel »Fragmente eines Ungenannten«. Lessing ging es dabei in erster Linie um die Freiheit, religionskritische Ansichten öffentlich diskutieren zu dürfen. Er legte seine Meinung dar, die sich vor allem gegen die orthodoxen[1] und dogmatischen[2] Glaubensvorschriften der Kirche richtete.

Die Reaktion darauf war stark, viele Gegenschriften erschienen. Der Hamburger Hauptpastor J.M. Goeze wurde dabei zu Lessings Hauptgegner. Zwischen beiden entwickelte sich ein heftiger, öffentlich ausgetragener Streit, der so genannte *Fragmentenstreit*. Lessing machte seinen Standpunkt in mehreren Briefen deutlich, diese nannte man später »Anti-Goeze-Briefe«. So schrieb er im elften Brief: »Sie haben mich feindseliger Angriffe auf die christliche Religion beschuldiget. Sie haben mich förmlicher Gotteslästerungen beschuldiget; Sagen Sie selbst: [...] Wissen Sie Beschuldigungen, die unmittelbarer Hass und Verfolgung nach sich ziehen? Mit diesem Dolche kommen Sie auf mich eingerannt, und ich soll mich nicht anders, als den Hut in der Hand, gegen Sie verteidigen können? soll ganz ruhig und bedächtig stehn bleiben, damit ja nicht Ihr schwarzer Rock bestaubt werde? soll jeden Atemzug so mäßigen, dass ja Ihre Perrucke den Puder nicht verliere?«

Der Streit wurde im Juli 1778 von der Zensur verboten und die herzogliche Regierung untersagte Lessing jegliche Veröffentlichung seiner Schriften. Da beschloss er, die Auseinandersetzung auf der Theaterbühne weiterzuführen. In einem Brief an seinen Bruder Karl schrieb er: »Ich glaube, eine sehr interessante Episode dazu erfunden zu haben, dass sich alles sehr gut soll lesen lassen, und ich gewiss den Theologen einen ärgern Possen damit spielen will, als noch mit zehn Fragmenten.«

Ende 1778 begann Lessing mit der Arbeit am »Nathan«, im Mai 1779 stellte er ihn fertig. Die Uraufführung fand 1783, zwei Jahre nach Lessings Tod, statt.

1 *gr.-lat.* rechtgläubig, strenggläubig 2 *gr.-lat.* starr an einer Ideologie oder Lehrmeinung festhaltend

 **1** Legt kurz dar, worum es Lessing im so genannten Fragmentenstreit ging. Setzt euch dazu mit dem Zitat aus dem Anti-Goeze-Brief auseinander.

»Nathan der Weise« – Kurzinhalt

Das Drama spielt Ende des 12. Jahrhunderts zur Zeit der Kreuzzüge. Der reiche Jude Nathan, von einer Geschäftsreise soeben nach Jerusalem zurückgekehrt, erfährt, dass seine Tochter Recha von einem christlichen Tempelherrn vor dem Feuertod gerettet wurde. Der junge Mann selbst verdankt sein Leben der unverhofften Begnadigung durch Saladin, nur weil sein Anblick den Sultan an dessen verstorbenen Bruder Assad erinnerte. Nathan überredet den Tempelherrn zu einem Besuch, um Rechas Dank für die Rettung entgegenzunehmen.

Der Sultan befindet sich wegen großzügiger Almosengaben in finanziellen Schwierigkeiten. Er lässt Nathan zu sich kommen, angeblich um dessen Weisheit auf die Probe zu stellen, und fragt ihn, welcher der einzig wahre Glaube sei. Nathans Antwort, die Ringparabel, bildet das Kernstück des Dramas. Der Sultan ist tief beeindruckt von diesem Gleichnis und bietet Nathan aufrichtig seine Freundschaft an. Nathan wiederum stellt ihm aus freien Stücken ein großzügiges Darlehen zur Verfügung.

Nathan der Weise.

Ein

Dramatisches Gedicht,

in fünf Aufzügen.

Introite, nam et heic Dii sunt!

APVD GELLIVM.

Von

Gotthold Ephraim Lessing.

1779.

Der Tempelherr verliebt sich in Recha und begehrt sie zur Frau, obwohl sie Jüdin ist. Doch dann erfährt er, dass das Mädchen in Wirklichkeit nicht Nathans leibliche Tochter, sondern ein christlich getauftes Waisenkind ist. Daraufhin wendet er sich an den Patriarchen[1] von Jerusalem, dem er von dem Fall berichtet, ohne Namen zu nennen. Der Patriarch, ein religiöser Fanatiker, will Nathan, den er als den »genannten« Juden vermutet, unbedingt überführen und zum Tode verurteilen lassen. Er beauftragt damit jedoch ausgerechnet den Klosterbruder, der Nathan achtzehn Jahre zuvor, als dieser durch einen Anschlag seine gesamte Familie verlor, jenes Christenkind anvertraut hat.

Die letzte Szene des Dramas spielt im Palast des Sultans. Saladin will Recha und den Tempelherrn zusammenführen, um der Liebe beider eine Chance zu geben. Auch Nathan kommt hinzu und deckt nicht nur Rechas rätselhafte Herkunft auf …

1 christliches Kirchenoberhaupt

1 Lies die letzte Szene und gib die verwirrenden Beziehungen der Personen untereinander mit eigenen Worten wieder.

Gotthold Ephraim Lessing

Nathan der Weise

Fünfter Aufzug. Letzter Auftritt

Nathan und der Tempelherr zu den Vorigen.

Saladin: Ah, meine guten lieben Freunde! – Dich,
Dich, Nathan, muss ich nur vor allen Dingen
Bedeuten, dass du nun, sobald du willst,
5 Dein Geld kannst wiederholen lassen! ...
Nathan: Sultan! ...
Saladin: Nun steh ich auch zu deinen Diensten ...
Nathan: Sultan! ...
Saladin: Die Karawan' ist da. Ich bin so reich
10 Nun wieder, als ich lange nicht gewesen. –
Komm, sag mir, was du brauchst, so recht was Großes
Zu unternehmen! Denn auch ihr, auch ihr,
Ihr Handelsleute, könnt des baren Geldes
Zu viel nie haben!
15 **Nathan:** Und warum zuerst
Von dieser Kleinigkeit? – Ich sehe dort
Ein Aug' in Tränen, das zu trocknen, mir
Weit angelegner ist. *(Geht auf Recha zu.)* Du hast geweint?
Was fehlt dir? – bist doch meine Tochter noch?
20 **Recha:** Mein Vater! ...
Nathan: Wir verstehen uns. Genug! –
Sei heiter! Sei gefasst! Wenn sonst dein Herz
Nur dein noch ist! Wenn deinem Herzen sonst
Nur kein Verlust nicht droht! – Dein Vater ist
25 Dir unverloren!
Recha: Keiner, keiner sonst!
Tempelherr: Sonst keiner? – Nun! so hab ich mich betrogen.
Was man nicht zu verlieren fürchtet, hat
Man zu besitzen nie geglaubt, und nie

30 Gewünscht. – Recht wohl! recht wohl! – Das ändert, Nathan,
Das ändert alles! – Saladin, wir kamen
Auf dein Geheiß. Allein, ich hatte dich
Verleitet: itzt bemüh dich nur nicht weiter!

Saladin: Wie gach[1] nun wieder, junger Mann! – Soll alles
35 Dir denn entgegen kommen? alles dich
Erraten?

Tempelherr: Nun du hörst ja! siehst ja, Sultan!

Saladin: Ei wahrlich! – Schlimm genug, dass deiner Sache
Du nicht gewisser warst!

40 **Tempelherr:** So bin ich's nun.

Saladin: [...] (*Auf Recha zugehend, um sie dem Tempelherrn zuzuführen.)*
Komm, liebes Mädchen,
Komm! Nimm's mit ihm nicht so genau. Denn wär
Er anders; wär er minder warm und stolz:
45 Er hätt es bleiben lassen, dich zu retten.
Du musst ihm eins fürs andre rechnen. – Komm!
Beschäm ihn! tu, was ihm zu tun geziemte!
Bekenn ihm deine Liebe! trage dich ihm an!
Und wenn er dich verschmäht; dir's je vergisst,
50 Wie ungleich mehr in diesem Schritte du
Für ihn getan, als er für dich ... Was hat
Er denn für dich getan? Ein wenig sich
Beräuchern lassen! ist was Rechts! – so hat
Er meines Bruders, meines Assad, nichts!
55 So trägt er seine Larve, nicht sein Herz.
Komm, Liebe ...

Sittah[2]**:** Geh! geh, Liebe, geh! Es ist
Für deine Dankbarkeit noch immer wenig;
Noch immer nichts.

60 **Nathan:** Halt Saladin! halt Sittah!

Saladin: Auch du?

Nathan: Hier hat noch einer mitzusprechen [...]

Saladin: Wer?

Nathan: Ihr Bruder!

65 **Saladin:** Rechas Bruder?

Nathan: Ja!

1 jäh, ungestüm

2 Saladins Schwester

Recha: Mein Bruder?
So hab ich einen Bruder?
Tempelherr: *(aus seiner wilden stummen Zerstreuung auffahrend)*
70 Wo? wo ist
Er, dieser Bruder? Noch nicht hier? Ich sollt'
Ihn hier ja treffen.
Nathan: Nur Geduld! [...]
Ihr seid kein Stauffen!
75 **Tempelherr:** Wer bin ich denn?
Nathan: Heißt Curd von Stauffen nicht!
Tempelherr: Wie heiß ich denn?
Nathan: Heißt Leu von Filneck.
[...] Kann doch wohl sein,
80 Dass jener Nam' Euch ebenfalls gebührt.
Tempelherr: Das sollt ich meinen! – (Das hieß Gott ihn sprechen!)
Nathan: Denn Eure Mutter – die war eine Stauffin.
Ihr Bruder, Euer Ohm[3], der Euch erzogen,
Dem Eure Eltern Euch in Deutschland ließen,
85 Als, von dem rauen Himmel dort vertrieben,
Sie wieder hier zu Lande kamen: – Der
Hieß Curd von Stauffen; mag an Kindes statt
Vielleicht Euch angenommen haben! – [...]
Tempelherr: [...] – Aber, aber –
90 Was hat mit diesem allen Rechas Bruder
Zu schaffen?
Nathan: Euer Vater ...
Tempelherr: Wie? auch den
Habt Ihr gekannt? Auch den?
95 **Nathan:** Er war mein Freund.
Tempelherr:
War Euer Freund? Ist's möglich, Nathan! ...
Nathan: Nannte
Sich Wolf von Filneck; aber war kein Deutscher ...
100 **Tempelherr:** Ihr wisst auch das?
Nathan: War einer Deutschen nur
Vermählt; war Eurer Mutter nur nach Deutschland
Auf kurze Zeit gefolgt ...

3 Onkel

Tempelherr: Nicht mehr! Ich bitt'
105 Euch! – Aber Rechas Bruder? Rechas Bruder …
Nathan: Seid Ihr!
Tempelherr: Ich? ich ihr Bruder?
Recha: Er mein Bruder?
Sittah: Geschwister!
110 **Saladin:** Sie Geschwister!
Recha: *(will auf ihn zu)* Ah! mein Bruder!
Tempelherr: *(tritt zurück)*
Ihr Bruder!
Recha: *(hält an, und wendet sich zu Nathan)*
115 Kann nicht sein! nicht sein! – Sein Herz
Weiß nichts davon! – Wir sind Betrieger! Gott!
Saladin: *(zum Tempelherrn)*
Betrieger? wie? Das denkst du? kannst du denken?
Betrieger selbst! Denn alles ist erlogen
120 An dir: Gesicht und Stimm und Gang! Nichts dein!
So eine Schwester nicht erkennen wollen! Geh!
Tempelherr: *(sich demütig ihm nahend)*
Missdeut auch du nicht mein Erstaunen, Sultan!
Verkenn in einem Augenblick', in dem
125 Du schwerlich deinen Assad je gesehen,
Nicht ihn und mich! *(Auf Nathan zueilend.)*
Ihr nehmt und gebt mir, Nathan!
Mit vollen Händen beides! – Nein! Ihr gebt
Mir mehr, als Ihr mir nehmt! unendlich mehr!
130 *(Recha um den Hals fallend.)*
Ah meine Schwester! meine Schwester!
Nathan: Blanda
Von Filneck!
Tempelherr: Blanda? Blanda? – Recha nicht?
135 Nicht Eure Recha mehr? – Gott! Ihr verstoßt
Sie! gebt ihr ihren Christennamen wieder!
Verstoßt sie meinetwegen! – Nathan! Nathan!
Warum es sie entgelten lassen? sie!
Nathan: Und was? – O meine Kinder! meine Kinder! –
140 Denn meiner Tochter Bruder wär mein Kind
Nicht auch, – sobald er will? […]

Saladin: Nathan, auf ein Wort! ein Wort! – [...]
Sagtest du vorhin
Nicht –?
145 **Nathan:** Was?
Saladin: Aus Deutschland sei ihr Vater nicht
Gewesen; ein geborner Deutscher nicht.
Was war er denn? wo war er sonst denn her?
Nathan: Das hat er selbst mir nie vertrauen wollen.
150 Aus seinem Munde weiß ich nichts davon.
Saladin:
Und war auch sonst kein Frank? kein Abendländer?
Nathan: O! dass er der nicht sei, gestand er wohl. –
Er sprach am liebsten Persisch ...
155 **Saladin:** Persisch? Persisch?
Was will ich mehr? – Er ist's! Er war es!
Nathan: Wer?
Saladin: Mein Bruder! ganz gewiss! Mein Assad! ganz
Gewiss!
160 **Nathan:** Nun, wenn du selbst darauf verfällst: –
Nimm die Versichrung hier in diesem Buche!
(Ihm das Brevier[4] überreichend.)
Saladin: *(es begierig aufschlagend)*
Ah! seine Hand! Auch die erkenn ich wieder!
165 **Nathan:** Noch wissen sie von nichts! Noch steht's bei dir
Allein, was sie davon erfahren sollen!

4 Gebetsbuch, das Nathan vom Klosterbruder erhielt

Saladin: *(indes er darin geblättert)*
Ich meines Bruders Kinder nicht erkennen?
Ich meine Neffen – meine Kinder nicht?
170 Sie nicht erkennen? ich? Sie dir wohl lassen?
(Wieder laut.)
Sie sind's! sie sind es, Sittah, sind! Sie sind's!
Sind beide meines ... deines Bruders Kinder!
(Er rennt in ihre Umarmungen.)
175 **Sittah:** *(ihm folgend)*
Was hör ich! – Konnt's auch anders, anders sein! –
Saladin: *(zum Tempelherrn)*
Nun musst du doch wohl, Trotzkopf, musst mich lieben!
(Zu Recha.)
180 Nun bin ich doch, wozu ich mich erbot?
Magst wollen, oder nicht!
Sittah Ich auch! ich auch!
Saladin: *(zum Tempelherrn zurück)*
Mein Sohn! mein Assad! meines Assads Sohn!
185 **Tempelherr:** Ich deines Bluts! – So waren jene Träume,
Womit man meine Kindheit wiegte, doch –
Doch mehr als Träume! *(Ihm zu Füßen fallend.)*
Saladin: *(ihn aufhebend)* Seht den Bösewicht!
Er wusste was davon, und konnte mich
190 Zu seinem Mörder machen wollen! Wart!
(Unter stummer Wiederholung allerseitiger Umarmungen fällt der Vorhang.)

2 Stelle Vermutungen darüber an, weshalb Lessing die Handlung seines Dramas in die weite Vergangenheit verlegt hat.

3 Vergleiche die Ringparabel mit der Schlussszene. In welchem gedanklichen Zusammenhang stehen beide?

4 Tauscht euch darüber aus, inwiefern das Drama noch heute von großer Aktualität ist.

5 Spielt die Schlussszene frei nach.

Kapitel 6

Literatur vergangener Epochen: Aufklärung und Weimarer Klassik

Habe Mut, dich deines
eigenen Verstandes
zu bedienen.
Immanuel Kant:
Was ist Aufklärung?

Im engen Kreis
verengert sich der Sinn,
Es wächst der Mensch
mit seinen größern
Zwecken.
Friedrich Schiller:
Wallensteins Lager, Prolog

Edel sei der Mensch,
Hülfreich und gut!
Johann Wolfgang von
Goethe: Das Göttliche

1. Erkläre, wie du die Zitate verstehst.

2. Tauscht euch darüber aus, wie ihr euch einen Menschen vorstellt, der den genannten Ansprüchen gerecht wird.

3. Die literarische Epoche der Aufklärung umfasst etwa den Zeitraum 1720–1800, die Klassik 1786–1805. Ordnet den beiden literarischen Epochen historische Ereignisse und Entdeckungen dieser Zeit zu und nennt wichtige Vertreter aus Literatur, Kunst und Wissenschaft.

1 Lest die beiden Texte auf der folgenden Doppelseite. Was erfahrt ihr über die Zustände in dieser Zeit?

Inge von Wangenheim

Eine »Gnadenstelle« für den Knaben Lessing*

Zwölfeinhalb ist der Bub, der sich am 21. Juni 1741 acht Uhr morgens in der Fürstenschule St. Afra zu Meißen dem Rektor des Alumnat-Gymnasiums zur Aufnahmeprüfung stellt. In vorgeschriebener Haltung, gekleidet wie ein Erwachsener, den Dreispitz unterm linken Ellbogen, in der Rechten eine lateinische Grammatik, einen gefalteten Bogen Papier sowie etliche zugeschnittene Gänsefedern, harrt er des Befehls. Er ist gut vorbereitet, seiner Sache ziemlich sicher und weiß, worum es geht. Wie die meisten seiner Amtsbrüder hat auch Pastor Lessing zu Kamenz zu viele Kinder und zu wenig Dukaten. Man ist angewiesen auf den fürstlichen Freiplatz, die »Gnadenstelle«, wie sie in den Akten heißt, und der Knabe fest entschlossen, die vor ihm aufgebaute Hürde zu nehmen. Nimmt er sie nicht, ist der vom Vater entworfene Lebensplan für seinen Ältesten verpfuscht. Das kleine Rokokomännlein steht in dem hohen, klösterlichen Amtszimmer recht frühe vor seiner ersten alternativen Bewährungsprobe – leistungswillig, konzentriert, hellwach und fügsam. Ein Kind noch ...

Aber nein, das weiß der Bub nicht. Das ganze 18. Jahrhundert weiß noch nicht, was das ist – ein Kind. Kinder sind kleine Erwachsene und haben sich, nur eine Nummer kleiner, wie Erwachsene aufzuführen. [...]

Kinderbild von Gotthold Ephraim Lessing (re.) mit seinem Bruder

Siegfried Seidel

Das Leben in St. Afra*

Eine Ständeordnung im Kleinen erzog zu Gehorsam und Pflichtbewusstsein gegenüber dem Vorgesetzten: Es gab 52 Zellen, die aus je einer Studier- und Schlafkammer für eine Gruppe von Zöglingen bestanden. [...] Es gab Bankälteste oder Bankaufseher; Primaner[1] waren Hof- und Tischinspektoren. Während des Essens wurde aus lateinischen Historienbüchern vorgetragen, damit »Wie der Leib mit der Speise gesättigt, also zugleich auch das Gemüt genähret werde«. Auch das äußere Aussehen der Zöglinge (Schulkleidung, Perücke) wurde genau vorgeschrieben.

Die 168 Wochenstunden waren folgendermaßen eingeteilt:

Öffentlicher Gottesdienst (sonntags 7 bis 11 und 13 bis 16 Uhr)	11 Stunden
Religion, Bibelerklärung, Gebete	14 Stunden
Unterricht	32 Stunden
Arbeitsstunden (Privatstudium)	25 Stunden
Wiederholungen der Oberen mit den Unterklassen	7 Stunden
Mahlzeiten	14 Stunden
Freizeit (für Schreiben, Singen, Tanzen usw.)	17 Stunden
Schlafen (im Winter 56 Stunden)	48 Stunden
	168 Stunden

Nach den Gottesdiensten (außer sonntags noch dienstags, mittwochs und freitags Betstunden), Gebeten und Mahlzeiten hatten die Schüler mitunter etwas Freizeit; sonst lagen die Stunden als Pflichtarbeitszeit fest. Alle zwei Jahre erhielten die Zöglinge 14 Tage Urlaub, im Übrigen hatten sie keine Ferien!

1 Schüler der 12. bzw. 13. Klasse

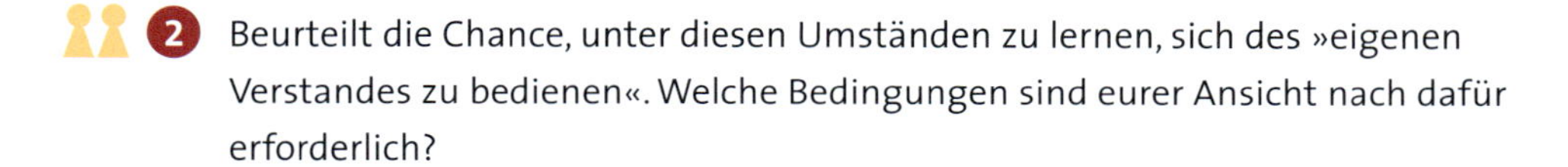

2 Beurteilt die Chance, unter diesen Umständen zu lernen, sich des »eigenen Verstandes zu bedienen«. Welche Bedingungen sind eurer Ansicht nach dafür erforderlich?

1 Lies den folgenden Lexikonartikel und informiere dich über den allgemeinen Begriff *Aufklärung* sowie über die literarische Epoche. Beachte beim Lesen folgende Tipps:
- Überlege, welche Informationen du von dem Artikel erwartest. Notiere dir dazu entsprechende *W*-Fragen.
- Schreibe beim ersten Lesen Schlüsselwörter heraus.
- Schlage unbekannte Wörter oder Abkürzungen im Wörterbuch nach.

Die Epoche der Aufklärung

Aufklärung, 1. *allg.:* die Erklärung »dunkler«, als geheimnisvoll geltender Vorgänge, Einrichtungen u. Überlieferungen durch Rückführung auf ihren natürl., wirkl., vernünftigen Kern [...] **2.** *Kulturgeschichte:* die im 18. Jh. vorherrschende geistige Bewegung der europ. Intelligenz. Ihr Kennzeichen ist das Vertrauen in die Vernunft als entscheidende Quelle aller Erkenntnis, als Richtschnur menschl. Handelns u. als Maßstab aller Werte. Die Bez. »A.« für diese Bewegung ist in Dtschld. seit 1750 in Umlauf. *Kant* definierte 1784 in seiner Schrift »Was ist A.?« die A. als »Ausgang des Menschen aus seiner selbst verschuldeten Unmündigkeit« u. forderte die Menschen auf, den Mut zu haben, sich ihres eigenen Verstandes ohne Leitung eines anderen zu bedienen. Im vernünftigen Denken u. in einem durch die Vernunft bestimmten Handeln sahen die Aufklärer die Garantie für ein ständiges Fortschreiten der Menschheit in der Beherrschung der Naturkräfte ebenso wie in der Herbeiführung einer gerechten sozialen Ordnung. [...] Der sozialgeschichtl. Hintergrund ist der wirtschaftl. u. soziale Aufstieg des Bürgertums, dessen Emanzipationsbestrebungen von der A. wiederum wichtige Impulse erhielten. Die A. war die geistige Wegbereiterin der Franz. Revolution. [...] Im politisch zerrütteten Dtschld., dessen Bürgertum vergleichsweise schwach entwickelt war, machte sich der Einfluss der A. ab Mitte des 18. Jh. vor allem in der Philosophie u. in der Literatur bemerkbar. [...] Ihren Höhepunkt erreichte die dt. A. in der Literatur mit *G. E. Lessing, F. G. Klopstock* u. *C. M. Wieland.*

1 Lies die folgende Geschichte und erläutere, was sie als typisch für die Aufklärung kennzeichnet. Nutze den Lexikonartikel (S. 116).

Johann Gottfried Herder

Der afrikanische Rechtsspruch

Alexander aus Mazedonien kam einst in eine entlegene goldreiche Provinz von Afrika; die Einwohner gingen ihm entgegen und brachten ihm Schalen dar, voll goldner Äpfel und Früchte. »Esset ihr diese Früchte bei euch?«, sprach Alexander; »ich bin nicht gekommen, eure Reichtümer zu sehen, son-
5 dern von euren Sitten zu lernen.« Da führeten sie ihn auf den Markt, wo ihr König Gericht hielt.

Eben trat ein Bürger vor und sprach: »Ich kaufte, o König, von diesem Manne einen Sack voll Spreu und habe einen ansehnlichen Schatz in ihm gefunden. Die Spreu ist mein, aber nicht das Gold; und dieser Mann will es nicht
10 wiedernehmen. Sprich ihm zu, o König, denn es ist das Seine.«

Und sein Gegner, auch ein Bürger des Orts, antwortete: »Du fürchtest dich, etwas Unrechtes zu behalten; und ich sollte mich nicht fürchten, ein solches von dir zu nehmen? Ich habe dir den Sack verkauft, nebst allem, was drinnen ist; behalte das Deine. Sprich ihm zu, o König.«

15 Der König fragte den Ersten, ob er einen Sohn habe. Er antwortete: »Ja.« Er fragte den andern, ob er eine Tochter habe, und bekam Ja zur Antwort. »Wohlan«, sprach der König, »ihr seid beide rechtschaffene Leute: Verheiratet eure Kinder untereinander und gebet ihnen den gefundenen Schatz zur Hochzeitgabe; das ist meine Entscheidung.«

20 Alexander erstaunte, da er diesen Ausspruch hörte. »Habe ich unrecht gerichtet«, sprach der König des fernen Landes, »dass du also erstaunest?« – »Mitnichten«, antwortete Alexander, »aber in unserm Lande würde man anders richten.« – »Und wie denn?«, fragte der afrikanische König. »Beide Streitende«, sprach Alexander, »verlören ihre Häupter, und der Schatz käme
25 in die Hände des Königes.«

Da schlug der König die Hände zusammen und sprach: »Scheinet denn bei euch auch die Sonne, und lässt der Himmel noch auf euch regnen?« Alexander antwortete: »Ja.« – »So muss es«, fuhr er fort, »der unschuldigen Tiere wegen sein, die in eurem Lande leben; denn über solche Menschen sollte keine
30 Sonne scheinen, kein Himmel regnen.«

1 Lies die Fabeln auf dieser Doppelseite und nenne wesentliche Merkmale dieser literarischen Textsorte. Nutze dazu deine Kenntnisse aus vorangegangenen Klassenstufen.

2 Die Fabel ist ein in der Aufklärung häufig gewähltes Genre. Tauscht Vermutungen über die Gründe dafür aus.

Gotthold Ephraim Lessing

Der Wolf auf dem Todbette

Der Wolf lag in den letzten Zügen und schickte einen prüfenden Blick auf sein vergangenes Leben zurück. »Ich bin freilich ein Sünder«, sagte er; »aber doch, hoffe ich, keiner von den größten. Ich habe Böses getan; aber auch viel Gutes. Einstmals, erinnere ich mich, kam mir ein blökendes Lamm, 5 welches sich von der Herde verirret hatte, so nahe, dass ich es gar leicht hätte würgen können; und ich tat ihm nichts. Zu eben dieser Zeit hörte ich die Spöttereien und Schmähungen eines Schafes mit der bewundernswürdigsten Gleichgültigkeit an, ob ich schon keine schützenden Hunde zu fürchten hatte.«

10 »Und das alles kann ich dir bezeugen«, fiel ihm Freund Fuchs, der ihn zum Tode bereiten half, ins Wort. »Denn ich erinnere mich noch gar wohl aller Umstände dabei. Es war zu eben der Zeit, als du dich an dem Beine so jämmerlich würgtest, das dir der gutherzige Kranich hernach aus dem Schlunde zog.«

Gotthold Ephraim Lessing

Der Besitzer des Bogens

Ein Mann hatte einen trefflichen Bogen von Ebenholz, mit dem er sehr weit und sehr sicher schoss, und den er ungemein werthielt. Einst aber, als er ihn aufmerksam betrachtete, sprach er: »Ein wenig zu plump bist du doch! Alle deine Zierde ist die Glätte. Schade!« – Doch dem ist abzuhelfen; fiel ihm ein. »Ich will hingehen und den besten Künstler Bilder in den Bogen schnitzen lassen.« – Er ging hin und der Künstler schnitzte eine ganze Jagd auf den Bogen; und was hätte sich besser auf einen Bogen geschickt, als eine Jagd?

Der Mann war voller Freuden. »Du verdienest diese Zierraten, mein lieber Bogen!« – Indem will er ihn versuchen; er spannt und der Bogen – zerbricht.

Gottlieb Konrad Pfeffel

Der Igel

Der Löwe saß auf seinem Thron von Knochen
Und sann auf Sklaverei und Tod.
Ein Igel kam ihm in den Weg gekrochen.
Ha! Wurm! so brüllte der Despot
Und hielt ihn zwischen seinen Klauen,
Mit einem Schluck verschling ich dich!
Der Igel sprach: Verschlingen kannst du mich;
Allein du kannst mich nicht verdauen.

Christian Fürchtegott Gellert

Das Kutschpferd

Ein Kutschpferd sah den Gaul den Pflug im Acker ziehn
Und wieherte mit Stolz auf ihn.
»Wenn«, sprach es, und fing an, die Schenkel schön zu heben,
»Wenn kannst du dir ein solches Ansehn geben?
5 Und wenn bewundert dich die Welt?«
»Schweig«, rief der Gaul, »und lass mich ruhig pflügen;
Denn baute nicht mein Fleiß das Feld,
Wo würdest du den Haber[1] kriegen,
Der deiner Schenkel Stolz erhält?«
10 Die ihr die Niedern so verachtet,
Vornehme Müßiggänger, wisst,
dass selbst der Stolz, mit dem ihr sie betrachtet,
Dass euer Vorzug selbst, aus dem ihr sie verachtet,
Auf ihren Fleiß gegründet ist.
15 Ist der, der sich und euch durch seine Hand ernährt,
Nichts Bessers als Verachtung wert?
Gesetzt, du hättest bessre Sitten:
So ist der Vorzug doch nicht dein.
Denn stammtest du aus ihren Hütten:
20 So hättest du auch ihre Sitten.
Und was du bist, und mehr, das würden sie auch sein,
Wenn sie wie du erzogen wären.
Dich kann die Welt sehr leicht, ihn aber nicht entbehren.

1 Hafer

1 Informiere dich anhand der folgenden Übersicht über die wesentlichen Merkmale der Weimarer Klassik (1786–1805).

Weimarer Klassik – kurz gefasst

Kunst und Literatur wurden als Mittel zur ästhetischen Erziehung des Menschen angesehen. Das Erziehungsideal war die so genannte »schöne Seele«, ein Mensch, der mit sich selbst im Reinen ist, dessen Handeln und Pflichten mit seinem Denken und seiner Neigung übereinstimmen.

Leitmotive: Humanität (Menschlichkeit) und Toleranz in Wort und Tat jedem Menschen gegenüber; charakteristisch waren allgemeingültige, zeitlose Themen.

Antike als Kunstideal. Viele Dichter bearbeiteten Stoffe der griechischen Mythologie. Sie strebten nach Vollkommenheit und der Übereinstimmung von Inhalt und Form, z. B. durch die Übernahme antiker Versformen.

Schöpferisch tätiges Individuum ist ein klassisches Menschenbild. Hier ging es u. a. um den Einzelnen und sein Schicksal.

Streben nach Harmonie durch die Übereinstimmung von Geist (Vernunft) und Gemüt (Sinnlichem), von Mensch und Natur, von Individuum und Gesellschaft.

Ideale des Guten, Wahren, Schönen werden durch literarische Figuren verkörpert.

Kern der klassischen Humanitätsauffassung: »Der Mensch wird nur dann produktiv, wenn er sich verändert, zugleich aktiv seine Umwelt verändert, sie ›menschlicher‹ macht!« (Goethe)

2 Erstellt eine Übersicht über die wichtigsten Vertreter der Klassik. Nennt ihre Werke und stellt eins davon ausführlich vor (Inhalt, Gestaltung, Aussage).

1 Lies das folgende Gedicht. Notiere deine Gedanken zur Textaussage.

Johann Wolfgang von Goethe

Kophtisches[1] Lied

Geh! gehorche meinem Winken,
Nutze deine jungen Tage,
Lerne zeitig klüger sein:
Auf des Glückes großer Waage
5 Steht die Zunge selten ein;
Du musst steigen oder sinken,
Du musst herrschen und gewinnen
Oder dienen und verlieren,
Leiden oder triumphieren,
10 Amboss oder Hammer sein.

1 abgeleitet von *Kophta*, ägypt. Magier und Weiser

2 Trage das Gedicht nach entsprechender Vorbereitung ausdrucksstark vor.

3 Die folgenden Zitate sind Goethes Roman »Wilhelm Meisters Lehrjahre« entnommen. Erläutere, inwiefern sie die Merkmale der Klassik widerspiegeln. Lies dazu noch einmal die Ausführungen auf S. 120.

»Man sollte [...] alle Tage wenigstens ein kleines Lied hören, ein gutes Gedicht lesen, ein treffliches Gemälde sehen und, wenn es möglich zu machen wäre, einige vernünftige Worte sprechen.«

»Handeln ist leicht, Denken schwer; nach dem Gedanken handeln unbequem.«

»Das Menschenpack fürchtet sich vor nichts mehr als vor dem Verstande; vor der Dummheit sollten sie sich fürchten, wenn sie begriffen, was fürchterlich ist. Aber jener ist unbequem und man muss ihn beiseiteschaffen, diese ist nur verderblich und das kann man abwarten.«

Wortwegweiser zu »Die Kraniche des Ibykus«

Die folgende Übersicht hilft dir beim Lesen und Verstehen von Schillers Ballade »Die Kraniche des Ibykus«. Sie enthält in alphabetischer Reihenfolge griechische Orts- und Götternamen bzw. schwierige Begriffe und deren Erklärung.

Akrokorinth	ein seit der Antike befestigter Ort, der sich auf einem 575 m hohen Tafelberg in der Nähe der Stadt → Korinth befindet
Apoll	u. a. Gott der Dichtkunst und der Musik
Aulis	antike Hafenstadt in Mittelgriechenland
Erinnyen	Rachegöttinnen der griech. Mythologie
Eumeniden	anderer Name für → Erinnyen
Gastliche, der	gemeint ist Zeus, der höchste Gott der griech. Mythologie
gerochen	gerächt
Helios	Sonnengott der griech. Mythologie
Hymnus	vgl. Hymne: feierlicher Lobgesang, diente in der Antike der Helden- und Götterverehrung
Ibykus	auch Ibykos, altgriech. Dichter
Korinth	griech. Stadt an der Landenge von Korinth, welche die Halbinsel Peloponnes mit dem griech. Festland verbindet
Leier	Saiten-/Zupfinstrument
Manen	Geister der Toten
Phokis	Gebirgslandschaft in Mittelgriechenland
Poseidon	Gott des Meeres in der griech. Mythologie
Prytanen	führende Mitglieder der Regierung einer Stadt im antiken Griechenland
Rhegium	(auch Rhegion, heute Reggio), war eine der zahlreichen griech. Kolonien in Unteritalien, Geburtsort des Dichters → Ibykus
Spartanerland	vgl. Sparta, Stadt und Landschaft der griech. Antike
Theseus' Stadt	gemeint ist Athen, Theseus ist ein griech. Held

Die folgende Ballade entstand 1797, im so genannten Balladenjahr. Schiller verwendete einen griechischen Stoff, dessen Handlung im 6. Jahrhundert v. Chr. spielt. Athleten und Künstler Griechenlands treten bei einem großen Festspiel in den Wettstreit um den Siegerkranz.

1 Lasst euch die Ballade vortragen und beschreibt euren Höreindruck.

Friedrich Schiller

Die Kraniche des Ibykus

Zum Kampf der Wagen und Gesänge,
Der auf Korinthus' Landesenge
Der Griechen Stämme froh vereint,
Zog Ibykus, der Götterfreund.
5 Ihm schenkte des Gesanges Gabe,
Der Lieder süßen Mund Apoll,
So wandert' er, an leichtem Stabe,
Aus Rhegium, des Gottes voll.

Schon winkt auf hohem Bergesrücken
10 Akrokorinth des Wandrers Blicken,
Und in Poseidons Fichtenhain
Tritt er mit frommem Schauder ein.
Nichts regt sich um ihn her, nur Schwärme
Von Kranichen begleiten ihn,
15 Die fernhin nach des Südens Wärme
In graulichtem Geschwader ziehn.

»Seid mir gegrüßt, befreund'te Scharen!
Die mir zur See Begleiter waren,
Zum guten Zeichen nehm ich euch,
20 Mein Los, es ist dem euren gleich.
Von fernher kommen wir gezogen
Und flehen um ein wirtlich Dach.
Sei uns der Gastliche gewogen,
Der von dem Fremdling wehrt die Schmach!«

25 Und munter fördert er die Schritte
Und sieht sich in des Waldes Mitte,
Da sperren, auf gedrangem Steg,
Zwei Mörder plötzlich seinen Weg.
Zum Kampfe muss er sich bereiten,
30 Doch bald ermattet sinkt die Hand,
Sie hat der Leier zarte Saiten,
Doch nie des Bogens Kraft gespannt.

Er ruft die Menschen an, die Götter,
Sein Flehen dringt zu keinem Retter,
35 Wie weit er auch die Stimme schickt,
Nichts Lebendes wird hier erblickt.
»So muss ich hier verlassen sterben,
Auf fremdem Boden, unbeweint,
Durch böser Buben Hand verderben,
40 Wo auch kein Rächer mir erscheint!«

Und schwer getroffen sinkt er nieder,
Da rauscht der Kraniche Gefieder,
Er hört, schon kann er nicht mehr sehn,
Die nahen Stimmen furchtbar krähn.
45 »Von euch, ihr Kraniche dort oben!
Wenn keine andre Stimme spricht,
Sei meines Mordes Klag erhoben!«
Er ruft es, und sein Auge bricht.

Der nackte Leichnam wird gefunden,
50 Und bald, obgleich entstellt von Wunden,
Erkennt der Gastfreund in Korinth
Die Züge, die ihm teuer sind.
»Und muss ich so dich wiederfinden,
Und hoffte mit der Fichte Kranz
55 Des Sängers Schläfe zu umwinden,
Bestrahlt von seines Ruhmes Glanz!«

Und jammernd hören's alle Gäste,
Versammelt bei Poseidons Feste,
Ganz Griechenland ergreift der Schmerz,
60 Verloren hat ihn jedes Herz.
Und stürmend drängt sich zum Prytanen
Das Volk, es fordert seine Wut,
Zu rächen des Erschlagnen Manen,
Zu sühnen mit des Mörders Blut.

65 Doch wo die Spur, die aus der Menge,
Der Völker flutendem Gedränge,
Gelocket von der Spiele Pracht,
Den schwarzen Täter kenntlich macht?
Sind's Räuber, die ihn feig erschlagen?
70 Tat's neidisch ein verborgner Feind?
Nur Helios vermag's zu sagen,
Der alles Irdische bescheint.

Er geht vielleicht mit frechem Schritte
Jetzt eben durch der Griechen Mitte,
75 Und während ihn die Rache sucht,
Genießt er seines Frevels Frucht.
Auf ihres eignen Tempels Schwelle
Trotzt er vielleicht den Göttern, mengt
Sich dreist in jene Menschenwelle,
80 Die dort sich zum Theater drängt.

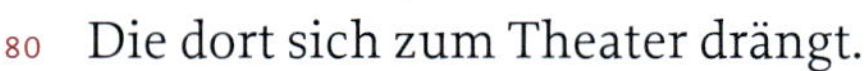

Denn Bank an Bank gedränget sitzen,
Es brechen fast der Bühne Stützen,
Herbeigeströmt von fern und nah,
Der Griechen Völker wartend da,
85 Dumpf brausend wie des Meeres Wogen;
Von Menschen wimmelnd, wächst der Bau
In weiter stets geschweiftem Bogen
Hinauf bis in des Himmels Blau.

Wer zählt die Völker, nennt die Namen,
90 Die gastlich hier zusammenkamen?
Von Theseus' Stadt, von Aulis' Strand,
Von Phokis, vom Spartanerland,
Von Asiens entlegner Küste,
Von allen Inseln kamen sie
95 Und horchen von dem Schaugerüste
Des *Chores* grauser Melodie,

Der streng und ernst, nach alter Sitte,
Mit langsam abgemessnem Schritte,
Hervortritt aus dem Hintergrund,
100 Umwandelnd des Theaters Rund.
So schreiten keine ird'schen Weiber,
Die zeugete kein sterblich Haus!
Es steigt das Riesenmaß der Leiber
Hoch über menschliches hinaus.

105 Ein schwarzer Mantel schlägt die Lenden,
Sie schwingen in entfleischten Händen
Der Fackel düsterrote Glut,
In ihren Wangen fließt kein Blut.
Und wo die Haare lieblich flattern,
110 Um Menschenstirnen freundlich wehn,
Da sieht man Schlangen hier und Nattern
Die giftgeschwollnen Bäuche blähn.

Und schauerlich gedreht im Kreise
Beginnen sie des Hymnus Weise,
115 Der durch das Herz zerreißend dringt,
Die Bande um den Sünder schlingt.
Besinnungraubend, herzbetörend
Schallt der Erinnyen Gesang,
Er schallt, des Hörers Mark verzehrend,
120 Und duldet nicht der Leier Klang:

»Wohl dem, der frei von Schuld und Fehle
Bewahrt die kindlich reine Seele!
Ihm dürfen wir nicht rächend nahn,
Er wandelt frei des Lebens Bahn.
125 Doch wehe, wehe, wer verstohlen
Des Mordes schwere Tat vollbracht,
Wir heften uns an seine Sohlen,
Das furchtbare Geschlecht der Nacht!

Und glaubt er fliehend zu entspringen,
130 Geflügelt sind wir da, die Schlingen
Ihm werfend um den flücht'gen Fuß,
Dass er zu Boden fallen muss.
So jagen wir ihn, ohn Ermatten,
Versöhnen kann uns keine Reu,
135 Ihn fort und fort bis zu den Schatten
Und geben ihn auch dort nicht frei.«

So singend, tanzen sie den Reigen,
Und Stille wie des Todes Schweigen
Liegt überm ganzen Hause schwer,
140 Als ob die Gottheit nahe wär.
Und feierlich, nach alter Sitte
Umwandelnd des Theaters Rund
Mit langsam abgemessnem Schritte,
Verschwinden sie im Hintergrund.

145 Und zwischen Trug und Wahrheit schwebet
Noch zweifelnd jede Brust und bebet
Und huldiget der furchtbarn Macht,
Die richtend im Verborgnen wacht,
Die unerforschlich, unergründet
150 Des Schicksals dunkeln Knäuel flicht,
Dem tiefen Herzen sich verkündet,
Doch fliehet vor dem Sonnenlicht.

Da hört man auf den höchsten Stufen
Auf einmal eine Stimme rufen:
155 »Sieh da! Sieh da, Timotheus,
Die Kraniche des Ibykus!« –
Und finster plötzlich wird der Himmel,
Und über dem Theater hin
Sieht man in schwärzlichtem Gewimmel
160 Ein Kranichheer vorüberziehn.

»Des Ibykus!« – Der teure Name
Rührt jede Brust mit neuem Grame,
Und, wie im Meere Well auf Well,
So läuft's von Mund zu Munde schnell:
165 »Des Ibykus, den wir beweinen,
Den eine Mörderhand erschlug!
Was ist's mit dem? Was kann er meinen?
Was ist's mit diesem Kranichzug?« –

Und lauter immer wird die Frage,
170 Und ahnend fliegt's mit Blitzesschlage
Durch alle Herzen. »Gebet acht!
Das ist der Eumeniden Macht!
Der fromme Dichter wird gerochen,
Der Mörder bietet selbst sich dar!
175 Ergreift ihn, der das Wort gesprochen,
Und ihn, an den's gerichtet war.«

Doch dem war kaum das Wort entfahren,
Möcht er's im Busen gern bewahren;
Umsonst, der schreckenbleiche Mund
180 Macht schnell die Schuldbewussten kund.
Man reißt und schleppt sie vor den Richter,
Die Szene wird zum Tribunal,
Und es gestehn die Bösewichter,
Getroffen von der Rache Strahl.

2 Gib den wesentlichen Inhalt der erzählten Geschichte wieder.

3 Weist anhand des Textes nach, dass Balladen die Merkmale aller drei literarischen Gattungen (Lyrik, Epik, Dramatik) in sich vereinen.

4 Lies noch einmal den Kern der Ballade (Z. 105–152). Erläutere, wie Schiller sein Ideal der erzieherischen Wirkung von Kunst umsetzt.

5 Stelle dir vor, du hast als Zeitreisender an den Festspielen im antiken Griechenland teilnehmen können. Berichte in einem Brief einer Freundin oder einem Freund von den Ereignissen.

Fachübergreifendes

Die Epoche der Klassik in der Musik

Unter *Klassik* in der Musikgeschichte versteht man den Zeitraum von etwa 1750 bis 1820. Mit diesem Begriff wird die Musik jener Epoche als *klassisch* im Verständnis von schön, wahr, beispielhaft und harmonisch ausgewogen gekennzeichnet.

Im Zeitalter der Klassik war Wien das musikalische Zentrum Europas, in dem die drei bedeutendsten klassischen Komponisten wirkten: Joseph Haydn, Wolfgang Amadeus Mozart und Ludwig van Beethoven (Bild). Darum spricht man auch von der *Wiener Klassik*.

Ein wichtiges Ziel klassischer Komponisten war es, Musik als »Weltsprache der Humanität« zu erschaffen, die Gefühl und Verstand gleichermaßen anspricht und klassen- bzw. schichtenunabhängig ist, so in Beethovens Oper »Fidelio« oder seiner »9. Sinfonie«, in deren Finalsatz Schillers »Ode an die Freude« erklingt:

Freude, schöner Götterfunken,
Tochter aus Elysium,
Wir betreten feuertrunken,
Himmlische, dein Heiligtum.
Deine Zauber binden wieder,
Was die Mode streng geteilt,
Alle Menschen werden Brüder,
Wo dein sanfter Flügel weilt [...]

In der klassischen Musik vollzogen sich wesentliche Neuerungen, z. B. wurde in der Orchestermusik die Klarinette als Instrument hinzugefügt und die Verwendung von Blechblasinstrumenten generell vielfältiger gestaltet.

Auf dem Gebiet der Oper entwickelte Mozart eine deutsche Sonderform zur italienischen Oper, die bis dahin bei Hof aufgeführt wurde. Kennzeichnend für diese viel volkstümlichere Form ist der dialogartige Aufbau, der durch Musikeinlagen durchbrochen wird. Berühmtes Beispiel hierfür ist seine Oper »Die Zauberflöte«.

1 Notiere stichpunktartig gemeinsame Merkmale der Klassik in Literatur (vgl. S. 120) und Musik.

2 Sucht Musikbeispiele zu den im Text genannten Komponisten und stellt sie vor.

Kapitel 7

Projekt: Ist unsere Welt noch zu retten?

1. Beschreibe die Bilder. Was haben die dargestellten Situationen mit der Kapitelüberschrift zu tun?

2. Schlagt nach, was der Begriff *Nachhaltigkeit* bedeutet, und sammelt Beispiele dafür.

3. Führt in der Klasse eine Umfrage durch, wie man sich für Umweltschutz engagieren kann. Tragt zusammen, was ihr bereits macht und was ihr noch machen könntet.

Die 16-jährige Miranda lebt mit ihren Brüdern Jonny und Matt sowie ihrer Mutter in einer US-amerikanischen Kleinstadt. Sie führt ein ausgefülltes Teenagerleben, bis eines Tages die Welt so erschüttert wird, dass sich ihr Leben komplett verändert. In ihrem Tagebuch hält sie die Ereignisse fest.

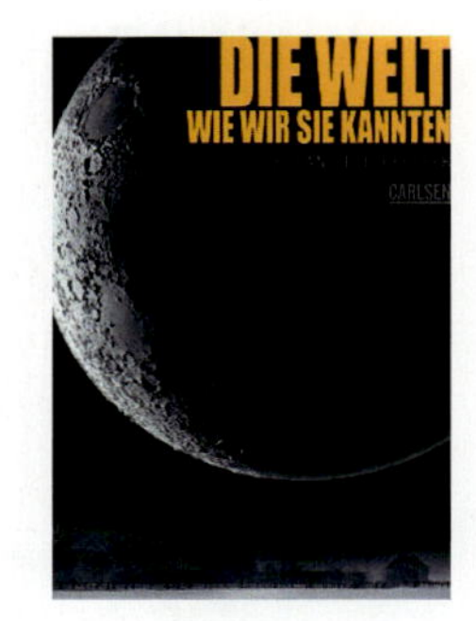

1 Lies den folgenden Tagebuchauszug und fasse die Ereignisse des 18. Mai zusammen.

Susan Beth Pfeffer

Die Welt, wie wir sie kannten

18. Mai

Wenn ich an heute Morgen denke, kommt es mir vor, als wäre das schon tausend Jahre her. Ich weiß noch, dass ich den Mond am Morgenhimmel gesehen habe. Ein Halbmond, aber gut sichtbar, und ich habe ihn angeschaut und daran gedacht, dass dort oben heute Abend ein Meteor einschla-(5)gen wird und wie aufregend das sein würde. [...]

In der Schule war alles wie immer.

Ich weiß noch, dass ich Französisch langweilig fand.

Nach der Schule hatte ich Schwimmtraining, und dann hat Mom mich ab-(10)geholt. Sie erzählte mir, sie hätte Mrs Nesbitt eingeladen, den Meteor mit uns zusammen anzugucken, aber die hat gesagt, sie würde lieber von zu Hause aus zusehen. Also waren wir bei dem großen Ereignis nur zu dritt, Jonny, Mom und ich. So hat sie es genannt: das große Ereignis.

Dann meinte sie noch, ich solle meine Hausaufgaben lieber gleich erledi-(15)gen, damit wir nach dem Abendessen Zeit hatten, das Ganze ein bisschen zu feiern. Was ich dann auch getan habe. Ich habe zwei von meinen Mond-Aufsätzen fertig geschrieben und meine Mathehausaufgaben gemacht, und dann haben wir zu Abend gegessen und bis ungefähr halb neun CNN geguckt.

Bei CNN gab es kein anderes Thema als den Mond. Sie hatten ein paar (20)Astronomen da, und man merkte, dass sie ziemlich aufgeregt waren. [...]

Sie hantierten zwar mit Schaubildern, Beamern und Computergrafiken, aber im Grunde wirkten sie eher wie große Kinder zu Weihnachten.

Mom hatte Matts Teleskop rausgeholt und auch das richtig gute Fernglas wiedergefunden, das seit letztem Sommer verschwunden gewesen war. Sie hatte sogar extra Schokokekse gebacken, und wir nahmen einen Teller davon mit raus. Wir wollten von der Straße aus zusehen, weil wir dachten, dass man vor dem Haus bessere Sicht haben würde. [...]

An diesem Abend schienen alle aus unserer Straße draußen zu sein. Manche saßen auf der Terrasse, um noch zu grillen, aber die meisten saßen vorm Haus, genau wie wir. Nur Mr Hopkins war nirgends zu sehen, aber an dem Flimmern hinter seinem Wohnzimmerfenster erkannte ich, dass er vorm Fernseher saß.

Es war wie ein großes Straßenfest. [...]

Als es dann auf halb zehn zuging, wurde es ziemlich still. Man konnte fast spüren, wie alle ihre Hälse reckten und in den Himmel starrten. Jonny stand am Teleskop, und er war dann auch der Erste, der rief, dass der Asteroid käme. Er könne ihn schon am Nachthimmel erkennen, und dann konnten wir ihn alle sehen, die größte Sternschnuppe, die man sich vorstellen kann. Um einiges kleiner als der Mond, aber größer als alles andere, was ich sonst bisher am Himmel gesehen habe. Es sah aus, als sprühte sie Feuer, und als sie in Sicht kam, brachen alle in Jubel aus.

Einen Moment lang fielen mir all die Menschen ein, die in den vergangenen Jahrtausenden den Halleyschen Kometen beobachtet hatten, ohne zu wissen, was das war – eine rätselhafte Erscheinung, die sie mit Angst und Ehrfurcht erfüllte. Für den Bruchteil einer Sekunde hätte ich auch ein sechzehnjähriges Mädchen aus dem Mittelalter sein können, das zum Himmel emporschaut und dessen Wunder bestaunt, oder eine Aztekin oder eine Indianerin. Einen winzigen Moment lang war ich wie jede andere Sechzehnjährige in der Geschichte der Welt, die nicht weiß, welche Zukunft der Himmel ihr verheißt.

Und dann kam der Aufprall. Obwohl wir alle wussten, dass es passieren würde, war es trotzdem ein Schock, als der Asteroid dann tatsächlich auf dem Mond einschlug. Auf unserem Mond. Ich glaube, erst in diesem Moment wurde allen klar, dass es unser Mond war und dass jeder Angriff gegen ihn auch gegen uns gerichtet war.

Ich weiß noch, dass die meisten Leute auf unserer Straße wieder anfingen zu jubeln, aber dann brach der Jubel plötzlich ab und ein paar Häuser weiter fing eine Frau an zu schreien, und dann schrie ein Mann »Oh mein Gott!« und andere riefen »Was denn? Was ist passiert?«, als wüsste einer von uns die Antwort. [...]

Jedenfalls war der Mond kein Halbmond mehr. Er war plötzlich ganz schief und irgendwie falsch und drei viertel voll, und er war größer geworden, viel

größer, so groß, als würde er gerade am Horizont aufgehen, bloß ging er gerade gar nicht auf. Er stand eindeutig mitten am Himmel, viel zu groß, viel zu dicht
65 dran. Auch ohne Fernglas waren jetzt Einzelheiten der Krater zu erkennen, die ich vorher nur durchs Teleskop gesehen hatte. [...]

Es war immer noch unser Mond, einfach ein großer toter Felsbrocken am Himmel, aber er sah nicht mehr so harmlos aus. Er sah ganz plötzlich zum Fürchten aus, und man konnte spüren, wie um uns herum die Panik wuchs.
70 Einige Leute rannten zu ihrem Auto und rasten einfach los. Andere weinten oder beteten. Eine Familie stimmte die Nationalhymne an. [...]

»Geht jetzt die Welt unter, Mom?«, fragte Jonny. Er nahm den Teller mit den Keksen vom Boden auf und stopfte sich einen davon in den Mund.

»Nein, tut sie nicht«, antwortete Mom, klappte ihren Gartenstuhl zusam-
75 men und ging damit zum Haus. »Und ja, du musst morgen zur Schule gehen.«

Wir mussten lachen. Dasselbe hatte ich mich auch gerade gefragt.

Jonny stellte die Kekse weg, und ich schaltete den Fernseher wieder ein. Aber es gab kein CNN. [...]

Auf den meisten Programmen kam überhaupt nichts, aber unser Regional-
80 sender schien NBC aus Philadelphia zu übertragen. [...]

»Sieh mal nach, was draußen los ist«, forderte Mom mich auf; und ich ging noch mal raus. Ich sah das Flimmern von Mrs Nesbitts Fernseher. In irgendeinem Garten wurde noch gebetet, aber wenigstens hatte das Schreien aufgehört.

85 Ich zwang mich, zum Mond hinaufzublicken. Ich glaube, ich hatte Angst, dass er noch größer geworden war, dass er in Wirklichkeit schon auf die Erde zuraste, um uns alle zu zermalmen, aber größer geworden war er offenbar nicht. Dafür war er immer noch irgendwie neben der Spur, immer noch so komisch gekippt und immer noch viel zu groß für den Nachthimmel. Und er
90 war auch immer noch drei viertel voll.

»Mein Handy geht nicht mehr!«, schrie eine Frau in der Nachbarschaft, und ihre Stimme drückte aus, was wir empfunden hatten, als es plötzlich kein CNN mehr gab: Das ist das Ende der Zivilisation. [...]

Der Fernsehempfang war immer wieder gestört, und Kabel kriegten wir
95 überhaupt nicht mehr. [...]

Wer auch immer der Berichterstatter war, er schien seine Informationen über seinen kleinen Ohrstöpsel zu bekommen, denn er wurde tatsächlich blass und fragte dann: »Sind Sie sicher? Ist das offiziell bestätigt worden?« Er lauschte noch einen Moment auf die Antwort und schaute dann erst direkt in
100 die Kamera.

Mom griff nach meiner und Jonnys Hand. »Alles wird gut«, sagte sie. »Was auch passiert sein mag, wir werden es überstehen.«

Der Reporter räusperte sich, als könnten diese zusätzlichen Sekunden etwas an dem ändern, was er zu sagen hatte. »Soeben erhalten wir Meldungen
105 über weitverbreitete Tsunamis. [...] Die Flut ist offenbar weit über das übliche Maß gestiegen. Die eingehenden Meldungen stammen von Flugzeugpassagieren, die sich zu diesem Zeitpunkt über den betroffenen Gebieten in der Luft befanden. An der gesamten Ostküste werden starke Überschwemmungen gemeldet. Das ist teilweise bestätigt worden, aber bisher sind alle diese Meldun-
110 gen nur vorläufig. Manches hört sich vielleicht schlimmer an, als es wirklich ist. Einen Moment, bitte.« [...]

»Gerade erreicht uns die unbestätigte Meldung, dass Cape Cod überflutet worden ist«, fuhr der Reporter fort. [...] »Gleiches gilt offenbar für die Inseln vor der Küste von North und South Carolina. Sie sind einfach verschwun-
115 den.«

2 Wähle eine Person aus, die du in dem Textauszug kennen lernst, und beschreibe, wie sie auf das Ereignis reagiert.

3 Sammelt Informationen darüber, welchen Einfluss der Mond auf die Erde hat.

4 Überlegt gemeinsam, wie die Geschichte weitergehen könnte.

5 Das Leben von Miranda und ihrer Familie hat sich in kurzer Zeit sehr verändert. Lies die nächsten Tagebucheintragungen und beschreibe weitere Folgen der Mondkatastrophe.

3. Dezember

Es hat die ganze Nacht durchgeschneit und heute auch noch den ganzen Tag.

Die Wertstoffbehälter waren randvoll mit Schnee, deshalb haben Matt und 120 Jon sie reingebracht, und wir haben den Schnee geschmolzen und dann in Flaschen und Krüge abgefüllt. Danach haben wir die Behälter wieder rausgestellt.

[...] Unserer Schätzung nach sind ungefähr sechzig Zentimeter Schnee gefallen, und es sieht nicht so aus, als würde es bald aufhören.

125 »Wasser haben wir jetzt erst mal wieder genug, oder?«, fragte ich sicherheitshalber nach. »Der Schnee bleibt doch bestimmt noch eine Weile liegen, sodass wir ihn einfach reinbringen und abkochen können, wenn wir Wasser brauchen. Oder?«

»Ich wüsste nicht, was dagegenspricht«, sagte Matt. »Ich glaube, erst mal 130 brauchen wir uns keine Sorgen mehr ums Wasser zu machen. Außerdem schneit es ja vielleicht noch öfter.«

»Nein, danke. Lieber nicht«, sagte Mom.

»Es muss ja nicht gleich wieder ein Blizzard sein«, sagte Matt. »Aber ab und zu ein paar Zentimeter 135 könnten wir gut gebrauchen.«

»Und Holz haben wir auch noch genug?«, fragte ich. Heute war anscheinend mein Rückversicherungstag.

»Es müsste reichen«, sagte Matt.

Ich beschloss, ihm zu glauben. Wir können ja so- 140 wieso nicht zum Holz- und Wasserladen gehen, um Nachschub zu besorgen.

Wobei mir einfällt, dass wir jetzt sowieso nirgendwo mehr hingehen können. Ich glaube kaum, dass die Straßen geräumt werden, und noch weniger glaube ich, 145 dass irgendwer sechs Kilometer Schnee wegschaufeln wird.

Ein Glück, dass wir uns immer noch mögen. [...]

13. Dezember

Ich glaube, wir gehen die Sache mit den Mahlzeiten falsch an«, sagte Matt heute Morgen. Einen beglückenden Moment lang dachte ich, er wollte damit sagen, wir drei sollten wieder zwei Mahlzeiten am Tag essen und Jon nur noch eine, aber das meinte er natürlich nicht.

»Keiner von uns isst etwas zum Frühstück«, sagte er. »Wir haben den ganzen Tag über Hunger. Dann essen wir zu Abend, bleiben noch ein bisschen auf und gehen ins Bett. Die einzige Zeit, in der wir keinen Hunger haben, ist also die, wenn wir schlafen. Was haben wir dann davon?«

»Du meinst, wir sollten unsere große Mahlzeit lieber morgens einnehmen?«, fragte Mom, was ziemlich lustig war, weil unsere große Mahlzeit ja gleichzeitig auch unsere einzige ist.

»Zum Frühstück oder Mittagessen«, sagte Matt. »Vielleicht auch Brunch, wie Miranda es eine Zeit lang gemacht hat. Ich glaube, ich hätte lieber nachts Hunger als den ganzen Tag.«

»Und ich?«, fragte Jonny.

»Du könntest abends noch mal was essen«, sagte Matt.

Das schien mir tatsächlich sinnvoll. Vor allem, weil Jon erst dann seine zweite Mahlzeit bekommen würde, wenn wir anderen auch schon gegessen haben. Es hat Tage gegeben, da hätte ich ihm seinen Topf mit was auch immer am liebsten über den Kopf gekippt. Vielleicht hält sich der Futterneid in Grenzen, wenn ich selber noch halbwegs satt bin.

»Probieren wir es aus«, sagte Mom. »Ich fand das Abendessen immer schön, weil wir dann alle zusammen waren. Aber jetzt sind wir sowieso den ganzen Tag zusammen, da spielt es eigentlich keine Rolle mehr. Wir essen ab jetzt immer um elf, und dann sehen wir ja, wie es uns gefällt.«

Das taten wir dann auch. Jetzt ist es vier Uhr nachmittags (hat Matt jedenfalls gesagt) und ich habe noch keinen besonders großen Hunger. Und das Wäschewaschen geht auch viel leichter, wenn ich halbwegs satt bin.

Das ist doch wirklich mal eine Verbesserung.

6 Erkläre, wie Mirandas Familie die Probleme nach der Mondkatastrophe löst.

7 Die Katastrophe bedeutet nicht nur Mangelerscheinungen, sondern auch Stillstand. Zeige, wie dieser sich in den ausgewählten Textauszügen bemerkbar macht.

8 Beschreibe, wie ein Tag im Leben von Miranda aussehen könnte. Schreibe aus ihrer Perspektive einen Tagebucheintrag.

 Lies den folgenden Bericht über die Oderflut aus dem Jahre 1997 und fasse die Ereignisse in einer Tabelle zusammen. Sortiere nach dem Datum.

Alexandra Trudslev

Die Oderflut von 1997 – Chronik einer Katastrophe

Von Tschechien und Polen rollte eine gewaltige Flutwelle in Richtung Brandenburg. Solche Wassermassen hatten die Meteorologen in diesen Breitengraden bis dahin kaum für möglich gehalten. [...] Das Oderhochwasser ging als Jahrhundertflut in die Geschichtsbücher ein – und stieß in Deutschland ein erstes Umdenken im Umgang mit Flüssen an.

Über dem tschechischen und polnischen Atlasgebirge braut sich Anfang Juli 1997 ordentlich etwas zusammen. Es dauert nicht lange und sintflutartige Regengüsse setzen die Region unter Wasser. [...]

Die Wassermassen rasen in Richtung Deutschland und erreichen am 14. Juli Frankfurt an der Oder. Hier wird Alarmstufe 1 für die ganze umliegende Region ausgerufen, die Kollegen aus dem polnischen Breslau können keine rettenden Vorhersagen weitergeben, da alle Messstationen überflutet sind. Am 15. Juli steht die Region unter Wasser. Die Pegelstände überschreiten die normalen Sommerwerte mittlerweile um 3,50 Meter. Das Wasser steht bei fast sieben Metern. [...] Am 18. Juli beginnt es erneut heftig zu regnen. Eine weitere Hochwasserwelle rollt im oberen Odergebiet an. Deiche weichen auf, der Druck auf ihnen beträgt mittlerweile rund sechs Tonnen pro Quadratmeter. Zwölf große Schadstellen sind zu verzeichnen, an hunderten Stellen sickert das Wasser bereits durch. Erste Evakuierungen laufen auf Hochtouren. Mit tausenden Sandsäcken wird notdürftig gestopft und erhöht.

Am 23. Juli bricht der erste Deich bei Brieskow-Finkenheerd (in der Nähe von Frankfurt an der Oder). Die Bundeswehr versucht, die Lücke mit Betonteilen und Sandsäcken zu schließen – ohne Erfolg. [...]

Die zweite Flutwelle erreicht das dicht bevölkerte Oderbruchgebiet am 30. Juli. Erste Evakuierungen im südlichen Teil beginnen, in Ratzdorf wird in Rekordzeit ein 800 Meter langer Zusatzdeich fertiggestellt. Doch große Sorgen macht der Deich bei Hohenwutzen, das Schicksal des Oderbruchs steht auf dem Spiel. Experten schätzen, dass der Deich nur noch eine zehnprozentige Chance hat, den Wassermassen standzuhalten. [...]

Was dann geschieht, geht in die Geschichte der Deichverteidigung als das »Wunder von Hohenwutzen« ein: Hunderte von Hilfskräften kämpfen im

Dauereinsatz gegen den drohenden Deichbruch. Hubschrauber bringen pausenlos tausende Sandsäcke zu den Soldaten, zahlreiche Tauchereinheiten decken den Deich von der Wasserseite aus mit Folien ab. Eine spezielle und erst-
35 mals eingesetzte Vakuumtechnik macht es möglich, dass das Wasser aus dem völlig durchnässten Deich gezogen werden kann. Durch diesen spektakulären Einsatz kann eine der schlimmsten Katastrophen verhindert werden. Der Deich hält, das Oderbruch wird von den schlammigen Wassermassen verschont. Anfang August sind die meisten Deiche unter Kontrolle, die Pegel al-
40 lerdings sinken nur langsam, weil aus den zahlreichen Nebenflüssen immer noch reichlich Wasser nachfließt. Am 9. August dürfen die Bewohner des Oderbruchs wieder in ihre Häuser zurück. Noch heute erinnert im Oderbruch eine Landmarke – das so genannte Flutzeichen – an die Jahrhundertflut.

[...] Seit Jahrzehnten fordern Naturschützer einen Stopp für den Ausbau der
45 Flüsse. Denn: »Jede Uferbefestigung, jede Flussvertiefung und Begradigung greift tief in das Flusssystem ein und zieht schwer kalkulierbare Konsequenzen nach sich«, sagt Klaus Lanz in seinem Artikel »Was Flüsse brauchen«. Auch wenn die Oder in einigen Abschnitten zu den am geringsten verbauten Flüssen in Europa zählt, so gibt es dennoch viele Staustufen, hohe Deiche, Pol-
50 der und begradigte Ufer. Die Zähmung der Flüsse für die Schifffahrt bedeutet gleichzeitig ein Risiko für die Menschen. In einem begradigten Fluss fließt das Wasser sehr viel schneller und unkontrollierter. Verbaute Böden verhindern das schnelle Einsickern der Wassermassen,
55 beste Bedingungen für eine Flutwelle.

Das Land Brandenburg scheint aus den Hochwasserkatastrophen Konsequenzen zu ziehen. [...] Seit den Hochwasserkatastrophen in Ostdeutschland scheinen im-
60 mer mehr Verantwortliche auf die Sprache der Flüsse zu hören. Und die sagt: Mehr Platz bitte!

2 Erkläre, wie es zum »Wunder von Hohenwutzen« kam.

3 Nenne Gründe, warum es zu der Flutkatastrophe kommen konnte, und erläutere, welche Maßnahmen für die Zukunft ergriffen wurden.

Wie sehen Jugendliche den Klimawandel?

Jugendliche im Alter von 12 bis 25 Jahren wurden 2010 dazu befragt, wie sie den Klimawandel einschätzen.

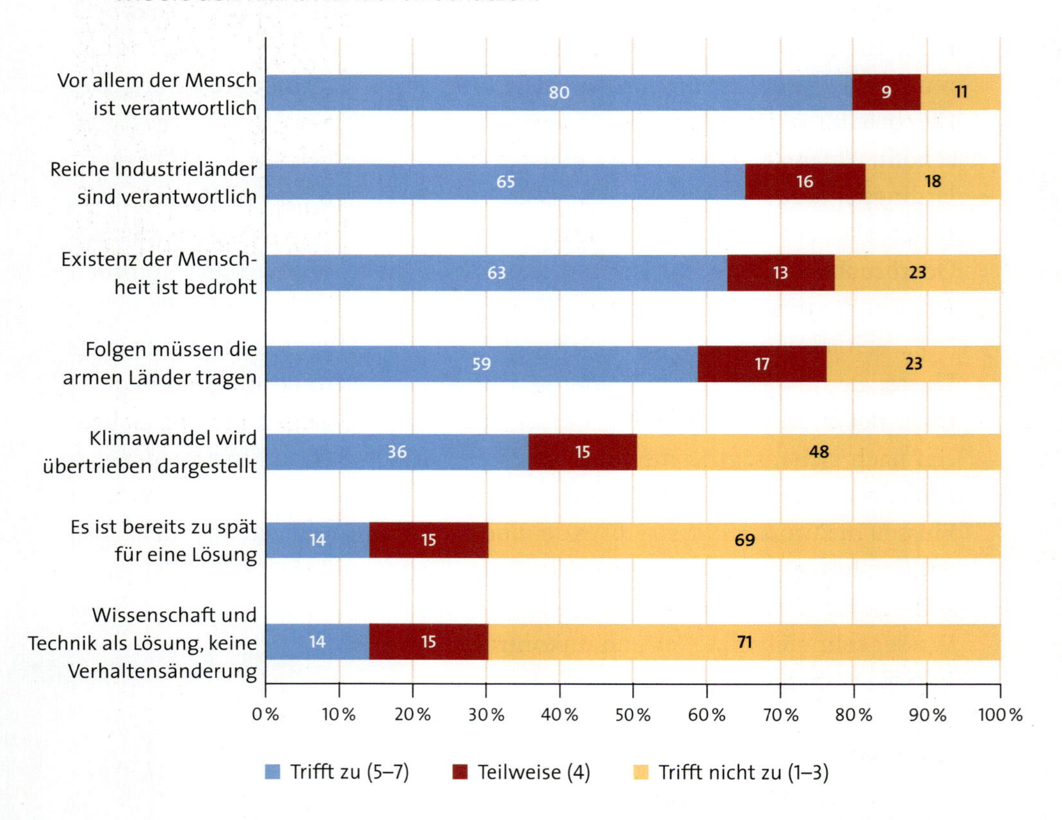

Fehlende zu **100** = keine Angabe

1. Sieh dir die Grafik an. Nach welchen Aspekten des Klimawandels wurden die Jugendlichen befragt und wie antworten sie darauf?

2. Überlegt, warum so viele Jugendliche glauben, dass der Mensch selbst verantwortlich ist.

3. Diskutiert den letzten Aspekt der Umfrage. Reichen Lösungen aus Wissenschaft und Technik aus, damit wir unser Verhalten nicht ändern müssen?

Rio Reiser

Wann?

Du sagst
Du willst die Welt nicht ändern
Und ich frag mich, wie machst du das nur
Du bist doch kein Geist in der Flasche
5 Und du bist auch kein Loch in der Natur
Denn nach jedem Schritt, den du gehst
Und nach jedem Wort, das du sagst
Und nach jedem Bissen, den du isst
Ist die Welt anders, als sie vorher war

10 Wann, wenn nicht jetzt
Wo, wenn nicht hier
Wie, wenn ohne Liebe
Wer, wenn nicht wir

Du sagst
15 Du willst die Welt nicht retten
Das ist dir alles 'ne Nummer zu groß
Und die Weltenretter war'n schon so oft da
Nur die meisten verschlimmbessern bloß
Und doch fragt mich jeder neue Tag
20 Auf welcher Seite ich steh
Und ich schaff's einfach nicht, einfach zuzusehen
Wie alles den Berg runtergeht

Wann …

Du sagst
25 Du willst die Welt nicht ändern
Dann tun's eben andere für dich
Und der Wald, in dem du vor Jahren noch gespielt hast
Hat plötzlich ein steinernes Gesicht
Und die Wiese, auf der du grade noch liegst
30 Ist morgen 'ne Autobahn
Und wenn du jemals wieder zurückkommst
Fängt alles von vorne an

Wann …

1 Formuliere das Thema des Songs in einem Satz.

2 Diskutiert die angesprochenen Probleme und bezieht Stellung.

3 Der Song wendet sich an ein *Du*. Verfasse eine Antwort auf den Song.

Roy ist mit seiner Familie nach Florida gezogen. Dort lernt er Beatrice und ihren Stiefbruder Fischfinger kennen. Fischfinger hat auf einem Grundstück, auf dem ein Pfannkuchen-Restaurant gebaut werden soll, eine seltene Eulenart entdeckt. Seitdem versucht er, den Bau des Restaurants zu verhindern. Roy und Beatrice helfen ihm dabei und sind auch vor Ort, als der erste Spatenstich auf dem Grundstück stattfinden soll.

1 Lies den folgenden Textauszug und fasse die Ereignisse zusammen.

Carl Hiaasen

Eulen

Um zehn vor zwölf trafen Roy und Beatrice ein; dieses Mal saß sie auf dem Lenker und er trat in die Pedale. Die Kamera hatte er sorgfältig im Rucksack verstaut. Beide waren total überrascht, als sie sahen, dass sie nicht die Einzigen waren – der sommersprossige Junge war schon da, das rothaarige
5 Mädchen auch und mindestens der halbe Geschichtskurs von Mr. Ryan. Etliche hatten ihre Eltern mitgebracht.

»Sag mal, was hast du denen gestern eigentlich erzählt?«, fragte Beatrice. »Hast du ihnen kostenlose Pfannkuchen versprochen, oder was?«

»Ich hab nur von den Eulen erzählt, das war alles«, sagte Roy.

10 Die nächste freudige Überraschung war, dass ein Kleinbus der Sportmannschaften ihrer Schule vorfuhr und die Spielerinnen aus Beatrice' Fußballmannschaft heraushüpften. Einige von ihnen hatten Plakate dabei.

Roy grinste Beatrice an, aber die zuckte nur mit den Achseln, als wäre nichts dabei. Beide suchten die immer größer werdende Menge ab, doch von Bea-
15 trice' flüchtigem Stiefbruder war nichts zu sehen.

Auch von den Eulen zeigte sich keine, aber das wunderte Roy nicht. Bei so viel Lärm und Unruhe lag es nahe, dass die Vögel lieber unter der Erde blieben, wo es dunkel und sicher war. Roy wusste, dass die Pfannkuchenleute sich genau darauf verließen: dass die Eulen viel zu viel Angst haben würden, um aus
20 ihren Löchern zu kommen.

Um Viertel nach zwölf schwang die Tür des Bauwagens auf. Als Erster kam ein Polizist heraus und Roy erkannte ihn gleich: Es war Officer Delinko. Ihm folgten der glatzköpfige Wachmann, der immer so schlecht gelaunt war, und schließlich ein hochnäsig aussehender Typ mit silbrigem Haar und einer lä-
25 cherlichen Sonnenbrille.

Ganz zum Schluss kam Mama Paula, die aus der Fernsehwerbung. Sie trug eine schimmernde graue Perücke, eine Brille mit einem Drahtgestell und eine Baumwollschürze. Einige Leute klatschten zur Begrüßung und sie winkte etwas lahm.

30 Die vier gingen gemeinsam zu einer rechteckigen Freifläche, die mitten auf dem Grundstück mit Seilen abgetrennt worden war. Der Silberhaarige bekam ein Mikrofon gereicht und stellte sich vor als Chuck E. Muckle, Stellvertretender Direktor in der Hauptverwaltung von Mama Paula. Er nahm sich ungeheuer wichtig, das sah Roy gleich. [...]

35 »Ich kann Ihnen gar nicht sagen, wie stolz und entzückt wir sind, dass unser 469. Familienrestaurant hier in Coconut Cove entstehen wird«, sagte Mr. Muckle. »Herr Bürgermeister, Herr Abgeordneter, und auch Sie, alle diese wunderbaren Menschen, die heute, an diesem prachtvollen Tag, unserer Einladung gefolgt sind ... Ich bin gekommen, um Ihnen zu versprechen, dass
40 Mama Paula immer eine gute Bürgerin dieses Ortes sein wird und Ihnen allen eine gute Freundin, eine gute Nachbarin.«

»Es sei denn, man ist eine Eule!«, sagte Roy. Aber das hörte Mr. Muckle nicht. Er winkte den Schülern zu und sagte: »Ich bin ganz besonders begeistert, so viele sympathische junge Menschen hier zu sehen. Dies ist ein histori-
45 scher Moment für eure Stadt – unsere Stadt, wie ich vielleicht sagen darf –, und wir freuen uns, dass ihr euch kurz von der Schule freimachen konntet, um hier mit uns zu feiern.«

Er schwieg einen Moment und lachte etwas künstlich. [...] Die Mädchen aus der Fußballmannschaft hielten ihre Plakate mit der leeren Seite nach vorn und warteten darauf, dass Beatrice ihnen ein Zeichen gab.

Mr. Muckle kicherte nervös. »Mama Paula, meine Liebe, ich denke, es ist so weit. Sollen wir zur Tat schreiten?«

Alle stellten sich für die Fernsehkamera und den Pressefotografen nebeneinander in Positur [...]. Goldlackierte Schaufeln wurden ausgeteilt, und auf ein Zeichen von Mr. Muckle hin beugten sich die Promis freundlich lächelnd vor und hoben eine Schaufel voll Sand aus. Wie auf Kommando brach mitten in der Menge ein Grüppchen städtischer Angestellter in Jubelrufe aus und fing an zu klatschen.

Es war der größte Schwindel, den Roy je erlebt hatte. [...]

Sobald alle Fotos geschossen waren, ließ Mr. Muckle die Schaufel fallen und schnappte sich wieder das Mikrofon. »Bevor die Bagger und Bulldozer loslegen, möchte Mama Paula noch ein paar Worte zu Ihnen sagen.«

Mama Paula sah nicht gerade besonders glücklich aus, als sie das Mikro in die Hand gedrückt bekam. »Es ist richtig schön hier in Ihrer Stadt«, sagte sie. »Wir sehen uns alle wieder bei der großen Eröffnung im Frühjahr –«

»Ganz sicher nicht!«

Dieses Mal kamen die Worte ganz laut aus Roys Mund und keiner war überraschter als er selbst. Unruhe ging durch das Publikum, und Beatrice rückte gleich ein Stück näher, weil sie mehr oder weniger erwartete, dass irgendjemand auf Roy losgehen würde.

Die als Mama Paula kostümierte Schauspielerin [...] spähte über den Rand ihres billigen Drahtgestells in die Menge. »Wer war das?«

Roy hob automatisch den rechten Arm. »Ich, Mama Paula«, rief er. »Wenn Sie auch nur einer unserer Eulen was tun, dann ess ich keinen einzigen mehr von Ihren blöden Pfannkuchen.«

»Wovon redest du eigentlich? Was für Eulen denn?« [...]

»Schauen Sie doch selber nach!«, rief Roy und zeigte mit ausgestrecktem Arm über den Platz. »Überall, wo Sie hier ein Loch im Boden sehen, wohnt eine Eule. Die bauen da ihre Nester und legen ihre Eier hinein. Die Löcher sind ihr Zuhause.«

Mr. Muckle lief puterrot an. Der Bürgermeister schaute hilflos in die Gegend, der Abgeordnete schien gleich in Ohnmacht zu fallen, und der Mensch von der Handelskammer sah aus, als hätte er in ein Stück Seife gebissen.

Inzwischen redeten die Eltern der Kinder aufgeregt miteinander und zeigten auf die Erdlöcher. Einige der Schülerinnen und Schüler skandierten

Sprüche, um Roy zu unterstützen, und Beatrice' Mannschaftskameradinnen schwenkten ihre Plakate. Auf einem stand: MAMA PAULA GEHT ÜBER EULENLEICHEN! Auf einem anderen: VOGELMÖRDER RAUS! [...]

Chuck Muckle erwischte endlich doch noch das Mikrofon und ließ eine
90 heftige Schimpfkanonade gegen Roy los: »Junger Mann, du solltest dich lieber erst mal über die Fakten informieren, bevor du solche empörenden und verleumderischen Beschuldigungen in die Welt setzt. Es gibt hier keine Eulen, nicht eine einzige. Diese alten Erdlöcher sind seit Jahren verlassen!«

»Ach ja?« Roy griff in seinen Rucksack und zog die Kamera seiner Mutter
95 hervor. »Ich hab Beweise!«, rief er. »Hier drin!« [...]

Chuck Muckle riss ihm die Kamera aus der Hand und warf einen flüchtigen Blick auf das Foto, bevor er in höhnisches Gelächter ausbrach. »Was soll das denn darstellen?«

»Das ist eine Eule!«, sagte Roy.

100 Es war auch eine Eule, Roy war sich ganz sicher. Blöderweise musste der Vogel gerade den Kopf weggedreht haben, als Fischfinger abdrückte.

»Sieht mir eher aus wie ein Lehmklumpen«, sagte Chuck Muckle. Er hielt die Kamera hoch, damit die Zuschauer in der ersten Reihe das Display sehen konnten. »Der Junge hat wohl viel Fantasie, was?«, sagte er schneidend.
105 »Wenn das eine Eule ist, bin ich ein Weißkopfadler. «

»Aber das ist eine Eule«, beharrte Roy. »Und dieses Foto ist gestern Abend hier auf dem Grundstück aufgenommen worden.«

»Das beweis erst mal!«, spottete Chuck Muckle.

Roy wusste nicht, was er darauf antworten sollte.

110 [...] Die Bilder, die Fischfinger aufgenommen hatte, waren nutzlos. Ein so verschwommenes Beweisstück würde niemals ausreichen, um den Bau des Restaurants zu verbieten.

»Vielen Dank, dass Sie gekommen sind«, sagte Mr. Muckle durch das Mikrofon zu den Zuschauern, »und vielen Dank auch für Ihre Geduld während
115 dieser ziemlich ... rücksichtslosen Unterbrechung. Meine lieben Pfannkuchenfans, wir sehen uns alle wieder, und zwar im nächsten Frühjahr zu einem herzhaften Frühstück. Damit ist die heutige Veranstaltung beendet.« [...] Auf einmal erhob sich eine junge Stimme: »Halt! Es ist noch nicht vorbei. Noch längst nicht!«

120 Aber dieses Mal war es nicht Roy. [...]

Auf den ersten Blick konnte man das, was sich da am Boden zeigte, für einen Ball halten, aber es war ... der Kopf eines Jungen. [...]

Sofort kamen die Prominenten aus der Menge herbeigeeilt. Beatrice und Roy folgten ihnen auf dem Fuß. Alles blieb stehen und starrte den Kopf an, der
125 aus der Erde ragte.

»Was ist denn jetzt los?«, stöhnte der Wachmann. Chuck Muckle donnerte: »Soll das ein schlechter Scherz sein?«

»Großer Gott«, rief der Bürgermeister, »ist er tot?« Aber der Junge war alles andere als tot. Er grinste zu seiner Stiefschwester hoch und zwinkerte Roy ver-
130 schwörerisch zu. Irgendwie hatte er es geschafft, seinen mageren Körper in die Öffnung eines Eulenbaus zu zwängen, sodass nur noch sein Kopf herausschaute. [...]

»Officer Delinko? Wo sind Sie?« Chuck Muckle winkte den Polizisten heran. »Verhaften Sie diesen unverschämten kleinen Lümmel, sofort!«

135 »Weswegen denn?«

»Wegen unerlaubten Betretens eines privaten Grundstücks natürlich, ist doch klar.«

»Aber Ihr Unternehmen hat die Öffentlichkeit zu dieser Veranstaltung eingeladen«, bemerkte Officer Delinko. »Wenn ich den Jungen festnehme, muss
140 ich alle anderen auf dem Grundstück auch verhaften.« [...]

Chuck Muckle drehte sich ganz langsam um, wie in Zeitlupe. Mit dem Schaufelblatt zeigte er drohend auf den Jungen im Eulenbau.

»Du da«, blaffte er ihn an und ging auf ihn zu.

Roy stellte sich blitzschnell dazwischen.

145 »Aus dem Weg, Junge!«, sagte Chuck Muckle. »Ich hab keine Zeit mehr für diesen Blödsinn. Weg hier, aber dalli! [...] Ich buddel den Zwerg jetzt selber aus.«

Beatrice Leep schoss nach vorn, stellte sich neben Roy und nahm ihn bei der Hand. Ein erschrockenes Gemurmel ging durch die Menge. [...]

150 Aus dem Nichts tauchte jemand neben Roy auf und nahm seine linke Hand – es war Garrett, das Skateboard unter dem Arm. Drei seiner Skaterkumpel standen Hand in Hand neben ihm.

»Was macht ihr denn hier, Jungs?«, fragte Roy.

»Schule schwänzen«, antwortete Garrett fröhlich. »Das hier ist echt viel
155 spannender, Mann.«

Als Roy zur anderen Seite schaute, sah er, dass neben Beatrice inzwischen die gesamte Fußballmannschaft stand. Alle hatten sich untergehakt und bildeten eine Menschenkette. Es waren lauter große, kräftige Mädchen, die sich von Chuck Muckles großmäuligen Drohungen nicht im Geringsten ein-
160 schüchtern ließen.

Das begriff auch Chuck Muckle. »Hört auf mit diesen Dummheiten!«, flehte er. »Es ist wirklich nicht nötig, jetzt so eine hässliche Szene zu machen.«

Total erstaunt beobachtete Roy, wie sich immer mehr Kinder aus der Menge
165 lösten und einander an den Händen fassten, um eine menschliche Barrikade um Beatrice' eingebuddelten Stiefbruder herum zu bilden. [...]

»'tschuldigung, Herzchen, ist hier noch 'ne Lücke?«

Roy musste erst blinzeln, bis er die Augen wieder richtig aufbekam, dann grinste er breit.

170 »Aber immer doch, Ma'am«, sagte er.

Mama Paula schlüpfte zwischen ihm und Garrett in den Kreis. [...]

Die Demo dauerte noch eine Stunde. Zwei weitere Fernsehteams tauchten auf, zusammen mit mehreren Streifenwagen, die Officer Delinko zur Verstärkung herbeitelefoniert hatte.

175 Chuck Muckle redete auf die neu angekommenen Vertreter der Staatsgewalt ein, sie sollten die Demonstranten festnehmen wegen unerlaubten Betretens eines Grundstücks, Schuleschwänzens und öffentlicher Ruhestörung. Das Ansinnen wurde jedoch entschieden zurückgewiesen. Einer der Sergeants teilte Mr. Muckle mit, dass es für das Image des Amtes für öffentliche
180 Sicherheit nicht gerade gut sei, wenn Polizisten einer Gruppe von Mittelschülern Handschellen anlegten. [...]

Roy stieß Beatrice an. »Schau mal, da oben!«

Über ihren Köpfen flog ein kleiner Vogel mit bräunlichem Gefieder und machte erstaunlich gewagte Loo-
185 pings. Roy und Beatrice sahen entzückt zu, wie er immer tiefer flog, bis er sich schließlich im Sturzflug dem Eulenbau in der Mitte des Kreises näherte. [...]

Fischfinger versuchte, sich das Lachen zu verbeißen. Die wagemutige Eule saß ganz friedlich auf seinem Kopf.

190 »Keine Angst, mein Kleiner«, sagte der Junge, »fürs Erste bist du sicher.«

2 Trage zusammen, was du über die Protestaktion der Jugendlichen erfährst.

3 Überlege, warum sich die Jugendlichen für die Eulen einsetzen.

4 Stelle in einem Vortrag dar, wofür du dich engagierst bzw. gern engagieren würdest.

5 Informiere dich über Umweltorganisationen oder -vereine in Deutschland und stelle sie und ihre Arbeit vor.

Jan besucht seine Mutter in Indonesien, die dort in einem Safaripark arbeitet. Jan engagiert sich in Deutschland in einer Umweltschutzorganisation und sieht die Entstehung eines Safariparks im indonesischen Regenwald skeptisch. Bei einem gemeinsamen Abendessen mit seiner Mutter und Ajip, einem ihrer Kollegen, kommt es zu einer hitzigen Debatte.

1 Lies den folgenden Textauszug und fasse die Meinungen von Jan, seiner Mutter und Ajip mit eigenen Worten zusammen.

David Chotjewitz

Am Rande der Gefahr

Charly Timbar war der Mann, der den Safaripark (mit Vier-Sterne-Hotel usw.) finanzierte. Und ich erinnerte mich auch, woher ich diesen Namen kannte: Er war der mächtigste Mann im indonesischen Holzgeschäft, Vorsitzender aller großen Interessenverbände, mit Beteiligungen an 80 verschiedenen Unternehmen. [...] Charly Timbar ließ in Kalimantan Urwald in Zellstoff für japanische Telefonbücher verwandeln, er legte in Sumatra Sojaplantagen an, die Rinderfutter für die Europäische Gemeinschaft produzierten, er besaß Hunderte von Sägemühlen und Papierfabriken im ganzen Land. Er war hauptverantwortlich für die Vernichtung der indonesischen Regenwälder. Dieser Mann also war der Arbeitgeber meiner Mutter. Er ließ, mit Unterstützung der Bundesrepublik Deutschland, in einem der letzten Urwälder Javas ein Jagdparadies für superreiche Touristen errichten.

Erst als wir abends in einem Restaurant waren, gelang es mir, das Thema zur Sprache zu bringen. Meine Mutter legte ihr Besteck zur Seite und wurde sehr ernst. »Weißt du, Jan«, sagte sie, »hier in Indonesien wünschen sich Menschen Technologie und freien Handel. Der Regenwald wird doch nicht dadurch vernichtet, dass wir ein Jagd-Ressort anlegen. Sondern durch die rücksichtslosen Methoden der meisten Logging-Firmen[1] und durch nachrückende Siedler.«

Aber wurde denn für den Safaripark nicht rücksichtslos gefällt?

Ajip reagierte barsch auf diese Frage. »Ihr Europäer kommt hierher und wollt uns etwas über Umweltschutz erzählen? In ganz Europa gibt es keinen

1 schlagen und verkaufen Holz

Urwald mehr. In Indonesien steht mehr Wald unter Naturschutz als in ganz Europa. Deutschland hat seine Wälder längst zerstört oder zu Nutzwäldern gemacht. Indonesien will sich auch entwickeln. Dafür muss es seine natürlichen Ressourcen nutzen. Alles andere ist eine neue Form von Kolonialismus.«

»Öko-Kolonialismus!«, ergänzte meine Mutter.

»Ihr wollt mir doch nicht erzählen«, sagte ich, »dass die einfachen Menschen etwas davon haben, wenn Charly Timbar in Kalimantan die Wälder abholzt. Oder diesen Safaripark errichten lässt.«

Wir saßen vor den abgenagten Skeletten unserer gegrillten Meeresfische. Eine unangenehme Stille kehrte ein. Dann sagte Ajip: »Natürlich bleibt das Jagdvergnügen in unserem Park Männern vorbehalten, die bereit sind, zwischen 6000 und 30 000 Dollar am Tag auszugeben. Aber im Gegensatz zu vielen Alternativtouristen schaffen sie eine Menge Arbeitsplätze. Jagdtouristen benötigen ein großes Service-Team, auch Fachpersonal wie Berufsjäger, Fährtensucher, Leute, die die Trophäen präparieren oder das Fleisch zerlegen. Dafür bauen wir ein Ausbildungsprogramm auf. Gleichzeitig wird die Natur geschützt. Der Wald bleibt erhalten. Es werden nur Tiere gejagt, deren Bestand gesichert ist, vor allem Wildschweine, die zu einer Plage für die Bauern geworden sind. Das Fleisch der abgeschossenen Tiere bekommen die Bauern.«

Das sah ich ein. Trotzdem kam mir die Sache verlogen vor. Die Leute in dem Dorf brauchten Wasser und Strom und anständiges Essen, aber keinen Safaripark.

2 Stelle die Argumente von Jan, seiner Mutter und Ajip in einer Tabelle gegenüber.

3 Die Mutter wirft Jan »Öko-Kolonialismus« vor. Überlegt, was sie damit meinen könnte.

4 Sammelt Informationen zu Indonesien und der Abholzung von Regenwäldern. Präsentiert eure Ergebnisse anschaulich.

5 Führt zu diesem Streitthema eine Podiumsdiskussion durch. Nutzt dazu die Anleitung auf der Methodenseite (S. 150).

Podiumsdiskussionen durchführen

Werdet zu Experten in der Frage »Umwelt bewahren oder Arbeitsplätze schaffen?« Führt zu diesem Thema eine Podiumsdiskussion durch. Geht folgendermaßen vor:

1. Vier Gruppen bilden, die folgende Aufgaben übernehmen

Organisationsteam

Diese Gruppe kümmert sich um die organisatorische Vorbereitung. Sie lädt Lehrer und Eltern ein, stellt Stühle und Tische um und gestaltet den Raum mit Anschauungsmaterial zum Thema.

Moderationsteam

Diese Gruppe wählt eine Moderatorin / einen Moderator aus und stellt Fragen an die Expertenteams zusammen. Sie unterstützt bei der Leitung der Podiumsdiskussion, hakt nach und achtet auf eine sachliche Atmosphäre.

Expertenteam I

Diese Gruppe vertritt den Standpunkt, die Umwelt mit allen Mitteln zu bewahren. Sie sammelt Argumente gegen die Schaffung von Arbeitsplätzen um jeden Preis bzw. schlägt Kompromisse vor.

Expertenteam II

Diese Gruppe sucht nach Argumenten, warum Arbeitsplätze wichtiger sind als Umweltfragen bzw. wie die Umwelt trotz Safaripark geschont werden kann.

2. Die Podiumsdiskussion nach folgendem Ablauf durchführen

- Die Experten sitzen vor der Klasse und werden von der Moderatorin / vom Moderator vorgestellt.
- Die Experten stellen in einer vorher festgelegten Redezeit ihren Standpunkt dar. Die Moderatorin / der Moderator muss darauf achten, dass diese eingehalten wird.
- Anschließend äußert sich die Moderatorin / der Moderator zu den Standpunkten und stellt Fragen. Die Experten äußern sich und tauschen ihre Positionen aus.
- Danach öffnet sich die Runde für das Publikum, das ebenfalls Fragen an die Experten stellt.
- Wenn es keine Fragen mehr gibt, führt die Moderatorin / der Moderator die Ergebnisse zusammen und bedankt sich bei allen.

Merkwissen

Anekdote	(*griech.* anékdota – das nicht Herausgegebene) Eine ursprünglich mündlich überlieferte Geschichte, in der typische Eigenheiten einer bekannten Persönlichkeit, einer gesellschaftlichen Gruppe oder das Charakteristische eines bestimmten Ereignisses wiedergegeben werden. Anekdoten sind meist kurz und witzig und enden oft mit einer → Pointe.
Autor, Autorin	(*lat.* auctor – Urheber, Verfasser) Verfasser von literarischen (erzählenden, lyrischen, dramatischen) Texten, aber auch von Drehbüchern, Fernsehspielen oder Sachtexten (Fachbuch-, Lehrbuch-, Sachbuchautor).
Ballade	(*ital.* ballata – Tanzlied) Zunächst ein zum Tanzen gesungenes Lied mit Refrain, das sich ab Mitte des 18. Jh. zum Erzählgedicht mit einer spannenden bzw. dramatisch zugespitzten Handlung entwickelte. Erzählt wird in Strophen und meist in gereimter Form.
Brainstorming	(*engl.* brain – Gehirn, storm – Sturm) Eine Methode zur Ideenfindung oder Problemlösung. Dabei werden Gedanken, Gefühle, Ideen und Begriffe zu einer Frage oder einem Problem gesammelt und ungeordnet notiert.
Cluster	(*engl.* Haufen, Schwarm, Anhäufung, Traube) Genau wie → Brainstorming eine Methode zur Ideenfindung oder Problemlösung. Auch hier werden um einen Ausgangsbegriff herum spontan und schnell damit verbundene Gedanken, Gefühle, Erlebnisse geäußert. Diese werden allerdings nicht völlig ungeordnet aufgeschrieben, sondern wie ein Netz miteinander verkettet, sodass bestimmte ursächliche Zusammenhänge sichtbar werden.
Dialog	(*griech.* dialogos – Wechselrede, Zwiegespräch) Unterredung zwischen zwei oder mehreren Personen im Unterschied zum → Monolog (Selbstgespräch). → Szenische Texte bestehen fast ausschließlich aus Dialogen.
Dramatik	Literarische Gattung neben → Epik und → Lyrik. Sie umfasst nicht nur das Drama, sondern auch andere → szenische Texte wie → Hörspiel und Fernsehspiel.
Epik	Literarische Gattung neben → Lyrik und → Dramatik. Sie bezeichnet die erzählende Literatur, in der Ereignisse aus der Sicht eines fiktiven → Erzählers wiedergegeben werden. Das können Romane, Erzählungen oder Kurzgeschichten sein.

Epoche	(*griech.* Haltepunkt, Zeitabschnitt) Bezeichnet einen längeren Zeitabschnitt, der über grundlegende Gemeinsamkeiten auf einem bestimmten Gebiet verfügt (z. B. in der Geschichte der Menschheit, der Musik- oder Literaturgeschichte). In der Literatur werden jeweils Grundströmungen im literarischen Schaffen einer Zeit benannt. Dabei sind die Grenzen zwischen Epochen fließend, auch lassen sich nicht alle Autoren einer bestimmten Epoche zuordnen. Beispiele für Epochen der deutschen Literatur sind: Barock, Aufklärung, Sturm und Drang, Klassik, Romantik, Expressionismus.
Erzähler, Ich-Erzähler	Eine vom → Autor geschaffene → Figur, die die Geschichte erzählt, d. h., Autor und Erzähler sind immer zu unterscheiden. Eine Autorin kann z. B. einen männlichen Erzähler die Geschichte vortragen lassen. Schildert eine Figur die Ereignisse in der Ich-Form, dann handelt es sich um einen Ich-Erzähler.
Erzähl-perspektive	Die Perspektive (Sicht), aus der ein Geschehen erzählt wird. Eine Erzählung kann aus der Sicht einer beteiligten Person erzählt sein, d. h. in der Ich-Form, oder der → Erzähler befindet sich außerhalb des erzählten Geschehens, d. h., es wird in der Sie-/Er-Form erzählt.
Fabel	(*lat.* fabula – Erzählung) Kurze Geschichte, mit der eine Lehre oder Moral vermittelt wird. Meist handeln sie von Tieren, die menschliche Eigenschaften verkörpern, z. B. der listige Fuchs.
Fastnachtsspiel	Theaterform, die im Mittelalter entstand und am Anfang vorrangig um Fastnacht herum aufgeführt wurde. Mit weltlichen und komischen Inhalten, enthielten oft derbe Scherze. Es gab keine Bühne, keine Regieanweisungen, keine aufwändigen Requisiten. Die Spieler waren meist Handwerksgesellen. Bekanntester Vertreter: Hans Sachs.
Figur	(*lat.* figura – Gestalt, Wuchs) Jede Person, die in einem literarischen Text vorkommt. Man unterscheidet dabei zwischen Haupt- und Nebenfiguren, je nach ihrem Anteil am Geschehen. Eine Figur wird charakterisiert durch ihr Äußeres, ihr beschriebenes Verhalten und eigene Äußerungen (Gedanken oder wörtliche Rede). Die Beziehung der Figuren zueinander nennt man → Figurenkonstellation.
Figuren-konstellation	Beschreibt die Gruppierung der Figuren in einem epischen oder dramatischen Werk. Dabei wird untersucht, in welchem Verhältnis die Figuren zueinander stehen und wie sich die wechselseitigen Beziehungen zwischen ihnen während des Handlungsverlaufes entwickeln bzw. ändern. Sind sie Gegner oder Verbündete? Welche Gefühle hegen sie füreinander?

Gedicht	In einem Gedicht möchte der → Autor Gedanken und Gefühle zu einem bestimmten Thema ausdrücken (z. B. Natur, Liebe, Politik). Dabei verwendet er oft → sprachliche Bilder. Gedichte kann man in → Strophen unterteilen, die aus mehreren → Versen bestehen. Sie haben einen bestimmten Rhythmus und können sich nach einem bestimmten Schema → reimen. In Gedichten spricht oft ein → lyrisches Ich, das nicht mit dem Autor verwechselt werden darf.
Gestik	Bezeichnet Körperbewegungen, um Aussagen zu unterstützen oder um sich ohne Worte zu verständigen.
Haiku	(*jap.* lustiger Vers) Kürzeste Gedichtform, die ursprünglich aus Japan stammt. Das Haiku besteht aus 17 Silben, die auf drei Verse zu 5, 7, 5 Silben verteilt sind. Themen sind vor allem Beobachtungen aus der Natur.
Handlung	Dabei unterscheidet man die äußere Handlung, die das sichtbare Geschehen, die Außenwelt, zeigt. Hier handeln und sprechen die Figuren direkt. Die innere Handlung dagegen umfasst die Gedanken und Gefühle der Figuren, also deren Innenwelt.
Hörspiel	Ein für den Hörfunk produziertes oder bearbeitetes Stück, das allein mit akustischen Mitteln (Wort, Ton, Geräusche) arbeitet.
Ironie	Ersetzen des eigentlich Gemeinten durch das Gegenteil, oft ein Mittel der → Satire. Ironie erkennt man am Tonfall oder am offensichtlichen Widerspruch zur Realität (Aussage »Du bist ja wieder pünktlich«, wenn jemand gerade zu spät kommt).
Kalender-geschichte	Kurze Erzählungen, die seit dem 16. Jh. für Kalender geschrieben wurden. Gegenstand sind merkwürdige, lustige oder nachdenklich stimmende Begebenheiten, die die Leser unterhalten und belehren sollen. Etwa seit dem 20. Jh. erscheinen sie überwiegend in Buchform. Zu den bekanntesten Autoren gehören Johann Peter Hebel, Erwin Strittmatter und Bertolt Brecht.
Konflikt	(*lat.* conflictus – Zusammenstoß) Problem der Hauptfigur, das sie im Verlauf der Handlung lösen muss. Das kann ein Streit sein oder eine schwierige Entscheidung.
Kurzgeschichte	Kurze und prägnante Erzählung (in Anlehnung an die amerikanische *short story*), die durch typische Merkmale gekennzeichnet ist: Erzählt wird ein einzelnes Erlebnis oder Ereignis, die Sprache ist knapp und alltäglich, manches wird nur angedeutet. Es treten wenige → Figuren auf. Die Handlungszeit ist auf wenige Stunden begrenzt, oft gibt es nur einen Handlungsort. Der Beginn ist meist unvermittelt, das Ende offen und mitunter überraschend.

Kriminal-geschichte	Erzählung, in deren Mittelpunkt ein Verbrechen steht (z. B. Diebstahl, Mord). Dabei liegt der Schwerpunkt entweder auf der Tat und dem Täter oder auf der Aufklärung des Verbrechens durch einen Detektiv. Im ersten Fall geht es um die Bedingungen, unter denen das Verbrechen geschieht, im zweiten Fall um Spurensuche und Beweisführung. Berühmte Detektive der Kriminalliteratur sind Sherlock Holmes oder Miss Marple.
Lyrik	Literarische Gattung neben → Epik und → Dramatik. Sie zeichnet sich durch verdichtete, bildhafte Sprache aus, die in → Versen gebunden ist. Zu lyrischen Texten gehören → Gedichte und Lieder.
lyrisches Ich	Bezeichnet den Sprecher des Gedichts, also das sprechende, künstlerisch gestaltete Ich, das nicht mit dem Ich des → Autors übereinstimmt.
Märchen	(*mhd.* mære – Kunde, Mitteilung) Kurze Erzählung mit meist fantastischem Inhalt. Man unterscheidet die mündlich überlieferten Volksmärchen, wie die von den Brüdern Grimm gesammelten »Kinder- und Hausmärchen«, und die von einem → Autor verfassten Kunstmärchen, z. B. von Hans Christian Andersen. Die → Figuren haben typische Eigenschaften und sind in Gut und Böse unterschieden. Die Handlung ist oft in drei Teile gegliedert, häufig gibt es wiederkehrende Zauber- und Verwünschungsformeln sowie ähnliche sprachliche Wendungen zu Beginn und am Ende.
Metapher	(*griech.* metaphora – Übertragung) Ein Wort wird nicht in seiner eigentlichen Bedeutung gebraucht, sondern im bildlichen, übertragenen Sinne. Diese Bedeutungsübertragung entsteht aufgrund eines gemeinsamen Merkmals, z. B. *Stuhlbein* oder *Lebensabend*. Metaphern kommen auch in unserer Umgangssprache vor, in Gedichten dienen sie der Veranschaulichung einer Aussage.
Mimik	Bezeichnet den Gesichtsausdruck. Im Alltag, auf der Bühne oder im Film kann man an der Mimik die Gefühle eines Menschen ablesen.
Monolog	(*griech.* monologos – allein sprechend) Selbstgespräch einer Person im Gegensatz zum Zwiegespräch (→ Dialog). Im Drama, aber auch in erzählender Literatur kann eine handelnde → Figur in einem Monolog ihre Gedanken äußern.
Motiv	(*franz.* motif – Beweggrund, Antrieb) In der Literatur ein typisches inhaltliches oder gedankliches Element. Man spricht z. B. vom Romeo-und-Julia-Motiv, wenn es um die Liebe zweier Menschen geht, die aufgrund einer Feindseligkeit zwischen den Eltern tragisch endet. Andere M. sind das Doppelgänger-Motiv, Motiv der Einsamkeit usw.

Parabel	(*altgriech.* parabolé – Nebeneinanderstellung) Eine kurze lehrhafte Erzählung, die moralische und ethische Fragen aufwirft. Das vordergründig dargestellte Geschehen hat eine übertragene, symbolische Bedeutung, die vom Leser erkannt werden muss. Lessing nutzte die »Ringparabel« für sein Drama »Nathan der Weise«.
Parallelgedicht	Übernimmt das Muster des Vorbilds und füllt es mit neuem Inhalt.
Parodie	(*griech.* parōdía – Gegenlied) Eine übertreibende oder verspottende Nachahmung bekannter Texte (z. B. Märchenparodien), Filme (z. B. die Westernparodie »Der Schuh des Manitu«), Fernsehsendungen (z. B. »Switch reloaded«) oder prominenter Personen. Dabei wird die äußere Form beibehalten, der Inhalt aber so verändert, dass ein komischer Effekt entsteht.
Personifizierung	Naturerscheinungen oder Gegenstände verhalten sich wie Menschen, z. B. *beißender Frost, das Haus ächzte im Sturm.*
Pointe	(*frz.* Spitze, Schärfe) Unerwartete Wendung, z. B. zum Schluss einer → Anekdote, mit dem Ziel, durch ihren Witz die Zuhörer oder Leser zum Lachen zu bringen.
Refrain	(*frz.* Echo) Regelmäßig wiederkehrende Wortgruppe in Liedern oder → Gedichten, die meist zwischen den einzelnen Strophen steht.
Reim	Gleichklang von Wörtern *(Hut – gut)* am Ende zweier → Verse, z. B. der Paarreim (aabb), der Kreuzreim (abab) und der umarmende Reim (abba).
Sage	Mündlich überlieferte Erzählung von teils wunderbaren Begebenheiten, die sich auf historische Ereignisse, Naturerscheinungen oder landschaftliche Eigenheiten beziehen. Es können Zwerge, Riesen, Tiere oder Menschen mit übernatürlichen Fähigkeiten auftreten, im Gegensatz zum Märchen wird jedoch ein höherer Realitätsanspruch gestellt. Man unterscheidet Heimat- und Ortssagen (z. B. »Krabat«), Göttersagen (z. B. »Prometheus«) oder Heldensagen (z. B. »Ring der Nibelungen«).
Satire	(*lat.* satur – satt, voll) Spottdichtung, die menschliche Schwächen oder gesellschaftliche Missstände auf humorvolle, aber auch bissige Weise kritisiert. Ihre Mittel sind → Ironie, Über- oder Untertreibung, Wortwitz, Verfremdung von Sachverhalten, Verzerrung ins Lächerliche. Bekannte Autoren von S. sind Kurt Tucholsky, Ephraim Kishon, Robert Gernhardt. Die gezeichnete Form nennt man Karikatur.

Sketch	(*engl.* Skizze) Kurze, witzige Szene mit überraschender Wendung.
Schwank	(*mhd.* swanc – Streich, Hieb) Seit dem 15. Jh. Bezeichnung für eine kleine Erzählung mit scherzhaftem oder moralischem Inhalt. Oft handeln Schwänke von kleinen Pannen im Alltag oder auch der Überlistung eines dummen Menschen durch einen klugen, wie bei Till Eulenspiegel oder Hodscha Nasreddin.
sprachliche Bilder	Geben menschliche Erfahrungen, Gefühle oder Gedanken wieder, die manchmal nur für unser »inneres Auge« vorstellbar sind.
Strophe	(*griech.* strophe – Wendung, Dehnung) Abschnitt eines → Gedichts, der sich aus mehreren → Versen zusammensetzt.
Symbol	(*griech.* symbolon – zusammenfügen) Sinnbild, konkretes Zeichen für etwas Allgemeines (z. B. *Herz* für *Liebe*, *Kreuz* für *christliche Religion* oder *Tod*, *Stern* und *Halbmond* für *Islam*, *weiße Taube* für *Frieden*), das nicht nur in → Gedichten, sondern auch im Alltag als sprachliches Mittel verwendet wird.
Szene	(*griech.* skene – Zelt, Bühne) Sinneinheit innerhalb einer Handlung. Sie ist die kleinste Einheit eines Theaterstücks, oft werden mehrere Szenen zu einem Akt zusammengefasst. Im Film besteht eine Szene aus einer oder mehreren Einstellungen.
szenischer Text	Wird in → Dialogen geschrieben, es gibt keinen → Erzähler. Ziel ist es, den Text als Handlung zu spielen. Oft gibt es Regieanweisungen mit Hinweisen zur Handlung oder zum Sprechen.
Vergleich	Verbindet Wörter oder Wortgruppen mit »wie« oder »als (ob)«, um etwas miteinander zu vergleichen und dadurch deutlicher zu machen. Wird in der Alltagssprache verwendet oder als sprachliches Mittel im Gedicht, z. B. *Die Luft ist wie aus grauem Tuch.*
Vers	(*lat.* versus – Wendung, Linie) Bezeichnet die einzelne Gedichtzeile. Mehrere Verse ergeben eine → Strophe.
Zeilensprung	Übergang eines Satzes oder Teilsatzes am Ende eines → Verses in die nächste Zeile. Bewirkt ein Innehalten.

Quellenverzeichnis

Bendzko, Tim (geb. 1985): *Wenn Worte meine Sprache wären* (Auszug) *(S. 51).* Aus: Wenn Worte meine Sprache wären. Hamburg: Rückbank Musikverlag, 2011 (CD).

Blobel, Brigitte (geb. 1942): *Rote Linien. Ritzen bis aufs Blut* (Auszug) *(S. 24).* Würzburg: Arena Verlag, 2010, S. 75 ff.

Boccaccio, Giovanni (1313–1375): *Das Dekameron. Erster Tag, dritte Geschichte (S. 96).* Aus: G. B.: Das Dekameron. In der Übersetzung von Karl Witte. München: Winkler-Verlag, 1964, S. 51 f.

Boes, Mirja (geb. 1971): *Boese Tagebücher. Unaussprechlich peinlich* (Auszug) *(S. 88).* Reinbek bei Hamburg: Rowohlt Verlag, 2009, S. 13 ff.

Brauck, Markus: *Die Reality-Falle (S. 36).* Aus: Der Spiegel vom 19. 10. 2009, S. 86 ff.

Bruder, Karin (geb. 1960): *Zusammen allein* (Auszug) *(S. 27).* München: Deutscher Taschenbuch Verlag, 2010, S. 149 ff.

Chamisso, Adelbert von (1781–1838): *Seit ich ihn gesehen (S. 64).* Aus: Perfahl, J. (Hg.): A. v. C. Sämtliche Werke in zwei Bänden, Bd. 1. München: Winkler-Verlag, 1975, S. 149.

Chotjewitz, David (geb. 1964): *Am Rande der Gefahr* (Auszug) *(S. 148).* Hamburg: Carlsen Verlag, 2009, S. 85 ff.

Claudius, Matthias (1740–1815): *Die Liebe (S. 64).* Aus: M. C.: Sämtliche Werke. München: Winkler Verlag, 1984, S. 435.

Fettes Brot: *Männer* (Auszug) *(S. 54).* Aus: Auf einem Auge blöd. Hamburg: Hanseatic Musikverlag, 1995 (CD).

Fried, Erich (1921–1988): *Was es ist (S. 66).* Aus: Kaukoreit, Volker, Wagenbach, Klaus (Hg.): E. F. Gesammelte Werke. Band 3. Gedichte. Berlin: Klaus Wagenbach Verlag, 1993, S. 35.

Gellert, Christian Fürchtegott (1715–1769): *Das Kutschpferd (S. 119).* Aus: Schullerus, A. (Hg.): Gellerts Dichtungen. Leipzig, Wien: Bibliographisches Institut, o. J., S. 88.

Gernhardt, Robert (1937–2006): *DU (S. 71).* Aus: R. G.: Gesammelte Gedichte. 1954–2004. Frankfurt/M.: S. Fischer Verlag, 2005, S. 414.

Goethe, Johann Wolfgang von (1749–1832): *Willkommen und Abschied (S. 62).* Aus: Trunz, Erich (Hg.): Goethes Werke. Band 1. Gedichte und Epen 1. München: C. H. Beck Verlag, 1996, S. 28 f.; *Kophtisches Lied (S. 121).* Aus: ebenda, S. 241. *Wilhelm Meisters Lehrjahre* (Zitate) *(S. 121).* Aus: ebenda, Band 7. Romane und Novellen 1, S. 284, 496, 433.

Grupa, Juliane: *Ich zeige mich an (S. 23).* Aus: Bongartz, D. (Hg.): Ganz anders, als du denkst. Eine Generation meldet sich zu Wort. Aarau, Frankfurt/M.: Sauerländer Verlag, 2002, S. 43.

Hahn, Ulla (geb. 1946): *Bildlich gesprochen (S. 60).* Aus: U. H.: Herz über Kopf. Gedichte. Stuttgart: Deutsche Verlags-Anstalt, 2005, S. 48.

Heine, Heinrich (1797–1856): *Ein Jüngling liebt ein Mädchen (S. 69).* Aus: Briegleb, Klaus (Hg.): H. H. Sämtliche Schriften. München: Carl Hanser Verlag, 1975, S. 90 f.

Herder, Johann Gottfried (1744–1803): *Der afrikanische Rechtsspruch (S. 117).* Aus: Kurz, Heinrich (Hg.): Herders Werke. Erster Band. Leipzig, Wien: Bibliographisches Institut, o. J., S. 413.

Herrndorf, Wolfgang (geb. 1965): *Tschick* (Auszug) *(S. 8).* Berlin: Rowohlt Verlag, 2010, S. 134 ff.

Hiaasen, Carl (geb. 1953): *Eulen* (Auszug) *(S. 142).* Aus dem Amerikanischen von Birgitt Kollmann. Weinheim, Basel: Beltz & Gelberg, 2002, S. 313 ff.

Hofmannsthal, Hugo von (1874–1929): *Die Beiden (S. 58).* Aus: Deutsche Sonette. Stuttgart: Reclam Verlag, 1979, S. 273.

Ich + Ich: *Vom selben Stern* (Auszug) *(S. 51).* Aus: Vom selben Stern. Text: Annette Humpe. Ambulanz Musikverlag, 2005 (CD).

Kästner, Erich (1899–1974): *Sachliche Romanze (S. 67).* Aus: E. K.: Gesammelte Schriften. Band 1. Gedichte. Köln: Verlag Kiepenheuer & Witsch, 1959, S. 101.

Kahlau, Heinz (1931–2012): *Ermutigung (S. 61).* Aus: Harnisch, Ingeborg (Hg.): Ich denke dein. Deutsche Liebesgedichte. Berlin: Verlag der Nationen, 1987, S. 283.

Kaminer, Wladimir (geb. 1967): *Ich bin kein Berliner. Ein Reiseführer für faule Touristen* (Auszug) *(S. 34)*. München: Goldmann Verlag, 2007, S. 69 f.

Kirsch, Sarah (geb. 1935): *Bei den weißen Stiefmütterchen (S. 68)*. Aus: Hackel, F.-H. (Hg.): S. K. Werke in fünf Bänden. Bd. 1. Stuttgart: Deutsche Verlags-Anstalt, 1999, S. 16.

Kishon, Ephraim (1924–2005): *Schöner Regen heute, nicht wahr? (England)* (Auszug) *(S. 75)*. Aus: E. K.: Der seekranke Walfisch oder Ein Israeli auf Reisen. Ins Deutsche übertragen von Friedrich Torberg. München, Wien: Albert Langen, Georg Müller Verlag GmbH, 1965, S. 132 f.

Klick! Zehn Autoren schreiben einen Roman (Auszug) *(S. 12)*. Aus dem Engl. von Birgitt Kollmann. München: Carl Hanser Verlag, 2009. Daraus: Linda Sue Park: *Maggie* (Auszug) *(S. 12)*, S. 7 ff.; Eoin Colfer: *Jason* (Auszug) *(S. 15)*, S. 49 ff.

Kopietz, Andreas: *Wie ich Stalins Badezimmer erschuf (S. 48)*. Aus: Berliner Zeitung vom 24.03.2011.

Lessing, Gotthold Ephraim (1729–1781): *Nathan der Weise* (Auszug) *(S. 98)*. Aus: G. E. L.: Werke in drei Bänden. Band 1: Dichtungen. Artemis & Winkler Verlag, 1995, S. 773 ff.; *Der Wolf auf dem Todbette (S. 118)*. Aus: ebenda, S. 1012; *Der Besitzer des Bogens (S. 118)*. Aus: ebenda, S. 1023.

Loriot (eigentl. Bernhard-Victor Christoph Carl von Bülow) (1923–2011): *An die Jugend* (Auszug) *(S. 82)*. Aus: Loriot: Sehr verehrte Damen und Herren ... Bewegende Woerte zu freudigen Ereignissen, Kindern, Hunden, weißen Mäusen, Vögeln, Freunden, Prominenten und so weiter. Zürich: Diogenes Verlag, 2011, S. 33 ff.

Louisan, Annett: *Das große Erwachen (S. 52)*. Aus: Unausgesprochen. Text: Frank Ramond. Hamburg: Peermusic Germany u. a., 2005 (CD).

Mayröcker, Friederike (geb. 1924): *Wie ich dich nenne wenn ich an dich denke und du nicht da bist (S. 72)*. Aus: Loeper, H. (Hg.): F. M. Das Jahr Schnee. Eine Auswahl. Berlin: Verlag Volk und Welt, 1985, S. 12 f.

Meyer, Kai (geb. 1969): *Arkadien erwacht* (Auszug) *(S. 41)*. Hamburg: Carlsen Verlag, 2009, S. 13 ff.

MIA.: *Was es ist (S. 66)*. Aus: Stille Post. CD-Booklet 2004.

Orwell, George (1903–1950): *1984* (Auszug) *(S. 38)*. Aus dem Englischen von Michael Walter. Berlin: Ullstein Taschenbuch Verlag, 1994, S. 30 ff.

Pfeffel, Gottlieb Konrad (1736–1809): *Der Igel (S. 119)*. Aus: G. K. P.: Skorpion und Hirtenknabe. Memmingen: Maximilian Dietrich Verlag, 1970, S. 28 f.

Pfeffer, Susan Beth (geb. 1949): *Die Welt, wie wir sie kannten* (Auszug) *(S. 132)*. Aus dem Amerikanischen von Annette von der Weppen. Hamburg: Carlsen Verlag, 2010, S. 27 ff.

Quandt, Melanie: *Sich überwinden (S. 23)*. Aus: Bongartz, D. (Hg.): Ganz anders, als du denkst. Eine Generation meldet sich zu Wort. Aarau, Frankfurt/M.: Sauerländer Verlag, 2002, S. 43.

Reiser, Rio (1950–1996): *Wann? (S. 141)*. Aus: Blinder Passagier. SMPG Publishing Germany, 1978 (LP).

Schiller, Friedrich (1759–1805): *Die Kraniche des Ibykus (S. 123)*. Aus: Meier, Albert (Hg.): F. S. Sämtliche Werke. Band 1. Gedichte. Dramen 1. München: Carl Hanser Verlag, 2004, S. 346 ff.

Schrocke, Katrin (geb. 1975): *Freak City* (Auszug) *(S. 17)*. Aarau, Frankfurt/M.: Sauerländer Verlag, 2010, S. 31 ff.

Schubert, Olaf (geb. 1974): *Wie ich die Welt retten würde* (Auszug) *(S. 84)*. Frankfurt/M.: Fischer Taschenbuch Verlag, 2010, S. 13 ff.

Schütz, Xóchil A. (geb. 1975): *gute mächte (S. 57)*. Aus: Xóchil: Perlenkind. Poesie trifft Musik. Edel/Sony, 2009.

Seidel, Siegfried: *Das Leben in St. Afra (S. 115)*. Aus: S. S.: Gotthold Ephraim Lessing. Leipzig: Bibliographisches Institut, 1981, S. 10.

Storm, Theodor (1817–1888): *Du gehst an meiner Seite hin (S. 65)*. Aus: T. S.: Sämtliche Werke in zwei Bänden. Band II. München: Winkler-Verlag, 1951, S. 898.